17일	18일	19일	20일		21일	22일	23일	24일	25일	26일	27일	28일	29일	30일	31일	(음) 12월 민속
수	목	금	토		일	월	화	수	목	금	토	일	월	화	수	
	●상현 12시 53분			대한						○망 2시 54분						1일(一日) = 해마다 12월 1일이 되면 나라에서는 조관(朝官)의 성적을 평가하여 왕에게 상계(上啓)하는데 이것을 세초(歲抄)라 했다. 납일(臘日) = 납향이라고도 하는데, 동짓날부터 제3번째 미일(未日)을 납일이라고 정하여 이날은 종묘·사직에서 대향사(大享祀)를 행하여, 이것을 연종제(年終祭) 또는, 납향이라고 한다. 대회일(大晦日·大그믐날) = 12월의 말일을 대그믐날이라 하며, 이날 밤을 제야(除夜)라고 하는데, 이날은 일년 중의 최종의 날이므로 연중의 거래 관계의 대청산(大淸算)을 행하는 것이다.
7일	8일	9일	10일	대한(大寒) 23시 6분 구12월중 - 매우 추운 철 -	11일	12일	13일	14일	15일	16일	17일	18일	19일	20일	21일	
경진(庚辰)금	신사(辛巳)금	임오(壬午)목	계미(癸未)목		갑신(甲申)수	을유(乙酉)수	병술(丙戌)토	정해(丁亥)토	무자(戊子)화	기축(己丑)화	경인(庚寅)목	신묘(辛卯)목	임진(壬辰)수	계사(癸巳)수	갑오(甲午)금	
기箕	두斗	우牛	여女		허虛	위危	실室	벽壁	규奎	루婁	위胃	묘昴	필畢	자觜	삼參	
평平	정定	집執	파破		위危	성成	수收	개開	폐閉	건建	제除	만滿	평平	정定	집執	
팔백	구자	일백	이흑		삼벽	사록	오황	육백	칠적	팔백	구자	일백	이흑	삼벽	사록	
신부	부엌	신랑	시어머니		방안	시아버지	집안	조왕	신부	부엌	신랑	시어머니	방안	시아버지	집안	
길	길	길	길		길	길	길	길	길	길	길	길	길	길	길	
伏복斷단日일 祭사祀기新도禱약祈혼이婚사移재徙의衣가裁수의동動土상上樑납納畜축	祭사祀기伐벌木목殺살虫충屠도殺살狩수獵렵	祭사祀기破파屋옥			祭사祀여旅行행移이사徙의衣가裁수의동動土상上樑담그기개開업業벌伐목木수狩렵獵납納축畜파破土토안安장葬	祭사祀여旅行행약約혼婚결結婚혼이移徙사의裁衣가수리동動土상上樑담그기개開업業벌伐목木수狩렵獵납納축畜파破土토안安장葬	祭사祀살殺虫충도屠살殺수狩獵렵	祭사祀불佛供공	佛불공供재齋의衣	伏복斷단日일月월忌기日일	약約혼婚결結婚혼이移徙사의裁衣가수리동動土상上樑納畜축파破土토안安장葬	祭사祀	약約혼婚재裁의衣가수리동動土상上樑담기納畜축	양楊공公忌기日일 매사에 이롭지 못함	祭사祀재裁의衣벌伐목木殺살虫충屠도殺살	
			大대空공亡망		大대空공亡망	大대空공亡망							大대空공亡망	大대空공亡망	大대空공亡망	
사해	사해	사해	자오		축미	축미	축미	인신	인신	모유	모유	모유	진술	진술	진술	

	이흑 칠적
	구자 육백
	살록 오황
갑진년	건병인 음정월대

2월 윤 (29일)

음력: 갑진 1월 20일까지 / 계묘 12월 22일부터

입춘(立春) 17시 27분 구정월절 —봄이 시작되는 철—

양력	1일	2일	3일	4일	5일	6일	7일	8일	9일	10일	11일	12일	13일	14일	15일	16일
요일	목	금	토	일	월	화	수	목	금	토	일	월	화	수	목	금
적요(摘要)			◐하현8시18분							●삭7시59분 음정월소		대체공휴일				
음력	22일	23일	24일	25일	26일	27일	28일	29일	30일	1일	2일	3일	4일	5일	6일	7일
일진(日辰)5행	을미(乙未)금	병신(丙申)화	정유(丁酉)화	무술(戊戌)목	기해(己亥)목	경자(庚子)토	신축(辛丑)토	임인(壬寅)금	계묘(癸卯)금	갑진(甲辰)화	을사(乙巳)화	병오(丙午)수	정미(丁未)수	무신(戊申)토	기유(己酉)토	경술(庚戌)금
28수	정井	귀鬼	유柳	성星	장張	익翼	진軫	각角	항亢	저氐	방房	심心	미尾	기箕	두斗	우牛
12신	파破	위危	성成	성成	수收	개開	폐閉	건建	제除	만滿	평平	정定	집執	파破	위危	성成
9성	오황	육백	칠적	팔백	구자	일백	이흑	삼벽	사록	오황	육백	칠적	팔백	구자	일백	이흑
혼주인당	조왕	신부	부엌	신랑	시어머니	방안	시아버지	집안	조왕	신부	조왕	집안	시아버지	방안	시어머니	신랑
행사길일(行事吉日) 및 불길일(不吉日)	길 제사파옥파	길 伏복斷단日일 月월忌기日일	길 旅여行행約약婚혼結결婚혼裁재衣의가수동토上상樑량담그개業업納납畜축破파土토安안葬장	길 祭제祀사殺살虫충屠도殺살狩수獵렵	길 제사	길 제사祈기禱도裁재衣의	길 祭제祀사裁재衣의	길 祭제祀사祈기禱도約약婚혼結결婚혼裁재衣의가수동토上상樑량담그개業업納납畜축	길 제사기도재의	길 제사	개盖屋옥	伏복斷단日일	길 祭제祀사旅여行행約약婚혼結결婚혼裁재衣의가수동토上상樑량담그개業업納납畜축安안葬장	길 祭제祀사佛불供공旅여行행移이徙사裁재衣의가수動동土토上상樑량담그개業업納납畜축破파土토安안葬장	길 月월忌기日일	길 祭제祀사고기잡이破파土토安안葬장	길 개盖屋옥
										大대空공亡망	大대空공亡망			大대空공亡망		
만조시각	사해	사해	사해	자오		축미	축미	축미	인신	인신	모유	모유	모유	진술	진술	진술	사해

(음) 정월 민속

설날 = 매년 1월 1일은 새해의 첫날로서 「설」이라 하여 1년 중 가장 큰 명절이다. 또 달력의 기점으로 원일(元日), 원단(元旦), 원정(元正)으로도 불리며, 남녀노소, 빈부 귀천의 구분 없이 일손을 놓고 새 옷 즉 설빔으로 입고 차례를 지내고 웃어른과 부모에게 세배하고 조상의 묘에 참배하는 등 참다운 「어버이날」이다.

정월대보름 = 1월 15일은 정월 대보름날이라 하고, 원소절(元宵節)이라고도 한다. 새벽에 일어나 부스럼이 낫는다 하여 밤, 호두, 잣, 강정, 콩을 나이 수대로 깨물었는데, 이것을 「부름」이라 한다. 그리고 각종 민속놀이를 행하여 참다운 「민속의 날」이다.

17일 토	18일 일	19일 월		20일 화	21일 수	22일 목	23일 금	24일 토	25일 일	26일 월	27일 화	28일 수	29일 목
◐상현 0시 1분		우수						○망 21시 30분 정월대보름					
8일	9일	10일	우수(雨水) 13시 13분 구정월중 -비가 내리는 철-	11일	12일	13일	14일	15일	16일	17일	18일	19일	20일
신해(辛亥) 금	임자(壬子) 목	계축(癸丑) 목		갑인(甲寅) 수	을묘(乙卯) 수	병진(丙辰) 토	정사(丁巳) 토	무오(戊午) 화	기미(己未) 화	경신(庚申) 목	신유(辛酉) 목	임술(壬戌) 수	계해(癸亥) 수
여女	허虛	위危		실室	벽壁	규奎	루婁	위胃	묘昴	필畢	자觜	삼參	정井
수收	개開	폐閉		건建	제除	만滿	평平	정定	집執	파破	위危	성成	수收
삼벽	사록	오황		육백	칠적	팔백	구자	일백	이흑	삼벽	사록	오황	육백
부엌	신부	조왕		집안	시아버지	방안	시어머니	신랑	부엌	신부	조왕	집안	시아버지
길				길			길	길		길	길		제사
제사기도여행약혼이사재의가수리동토상량개업살충도살	복단일	매사에 이롭지 못함		집안	여행약혼파토	양공기일	월기일	제사기도여행약혼결혼이사재의가수리동토상량그개업납축	살충도살고기잡이	매사에 이롭지 못함	복단일	제사기도재의가수리동토상량그개업납축안장	제사
		大공망 대공망											
사해	사해	자오		축미	축미	축미	인신	인신	모유	모유	모유	진술	진술

- 5 -

음2월대 건정묘

| 일곱 육백 오황 | 팔백 사록 구자 | 삼벽 이흑 칠적 |

3월 대 (31일)

경칩(驚蟄) 11시 23분 구2월절 - 동면하던 곤충이 깨어나는 철 -

양력	1일 금	2일 토	3일 일	4일 월	5일 화	6일 수	7일 목	8일 금	9일 토	10일 일	11일 월	12일 화	13일 수	14일 목	15일 금	16일 토
요일																
적요(摘要)	삼일절			◐하현 0시 23분	경칩					●삭 18시 0분 음2월대						
음력	21일	22일	23일	24일	25일	26일	27일	28일	29일	1일	2일	3일	4일	5일	6일	7일
일진(日辰)5행	갑자(甲子)금	을축(乙丑)금	병인(丙寅)화	정묘(丁卯)화	무진(戊辰)목	기사(己巳)목	경오(庚午)토	신미(辛未)토	임신(壬申)금	계유(癸酉)금	갑술(甲戌)화	을해(乙亥)화	병자(丙子)수	정축(丁丑)수	무인(戊寅)토	기묘(己卯)토
28수	귀鬼	유柳	성星	장張	익翼	진軫	각角	항亢	저氐	방房	심心	미尾	기箕	두斗	우牛	여女
12신	개開	폐閉	건建	제除	제除	만滿	평平	정定	집執	파破	위危	성成	수收	개開	폐閉	건建
9성	칠적	팔백	구자	일백	이흑	삼벽	사록	오황	육백	칠적	팔백	구자	일백	이흑	삼벽	사록
혼주인당	방안	시어머니	신랑	부엌	신부	조왕	집안	시아버지	방안	신랑	시어머니	방안	시아버지	집안	조왕	신부
	길		길	길	길	길		길	길	길	길		길		길	
	제사불공	월기일	제사기도여행약혼결혼이사재의가수동토상량납축파토안장	제사기도재의	제사기도여행약혼결혼이사재의가수동토상량납축축	개개옥우	복단일	제사파옥	제사기도여행약혼결혼이사재의가수동토상량살충도살납축안장	매사에 이롭지 못함	제사기도여행약혼결혼이사재의가수동토상량납축안장	여행이사재의가수동토상량개업납축안장	매사에 이롭지 못함	복단일 월기일	불공재의장기납축안장	복단일 매사에 이롭지 못함
										大空亡 대공망			大空亡 대공망		大空亡 대공망	
만조시각	진술	사해	사해	사해	자오		축미	축미	축미	인신	모유	모유	모유	진술	진술	진술	사해

음력 1월 21일부터 2월 22일까지

행사길일(行事吉日) 및 불길일(不吉日)

서기 2024년 / 단기 4357년

태세갑진년음력월표 및 절후표

월건	병인	정묘	무진	기사	경오	신미	임신	계유	갑술	을해	병자	정축	무인
음월의 대소	정월 소	2월 대	3월 소	4월 소	5월 대	6월 소	7월 대	8월 대	9월 소	10월 대	11월 대	12월 소	정월 대
월백	오황	사록	삼벽	이흑	일백	구자	팔백	칠적	육백	오황	사록	삼벽	이흑
삭일	갑진	계유	계묘	임신	신축	신미	경자	경오	경자	기사	기해	기사	무술
절기	雨水 우수	春分 춘분	穀雨 곡우	小滿 소만		小暑 소서	立秋 입추	白露 백로	寒露 한로	立冬 입동	大雪 대설	小寒 소한	立春 입춘
	정월중	2월중	3월중	4월중		6월절	7월절	8월절	9월절	10월절	11월절	12월절	정월절
음력	10일	11일	11일	13일		1일	4일	5일	6일	7일	7일	6일	6일
간지	계축	계미	계축	갑신		신미	계묘	갑술	을사	을해	을사	갑술	계묘
입절시각	13시 13분	12시 6분	23시 0분	22시 0분		23시 20분	9시 9분	12시 11분	4시 0분	7시 20분	0시 17분	11시 32분	23시 10분
양력	2월 19일	3월 20일	4월 19일	5월 20일		7월 6일	8월 7일	9월 7일	10월 8일	11월 7일	12월 7일	1월 5일	2월 3일
절기	驚蟄 경칩	淸明 청명	立夏 입하	芒種 망종	夏至 하지	大暑 대서	處暑 처서	秋分 추분	霜降 상강	小雪 소설	冬至 동지	大寒 대한	雨水 우수
	2월절	3월절	4월절	5월절	5월중	6월중	7월중	8월중	9월중	10월중	11월중	12월중	정월중
음력	25일	26일	27일	29일	16일	17일	19일	20일	21일	22일	21일	21일	21일
간지	무진	무술	기사	경자	병진	정해	무오	기축	경신	경인	기미	기축	무오
입절시각	11시 22분	16시 2분	9시 10분	13시 10분	5시 51분	16시 44분	23시 55분	21시 44분	7시 15분	4시 56분	18시 21분	5시 0분	19시 6분
양력	3월 5일	4월 4일	5월 5일	6월 5일	6월 21일	7월 22일	8월 22일	9월 22일	10월 23일	11월 22일	12월 21일	1월 20일	2월 18일

8일득신 북대장군 정남오상문 남삼살 동북인조객
1용치수

도서출판 동양서적 발행

1월 대 (31일)

음력 계묘 11월 20일부터 계묘 12월 21일까지

소한(小寒) 5시 48분 구 12월절 — 조금 추운 철

양력	1일	2일	3일	4일	5일	6일	7일	8일	9일	10일	11일	12일	13일	14일	15일	16일
요일	월	화	수	목	금	토	일	월	화	수	목	금	토	일	월	화
적요(摘要)	음11월소			☽하현12시30분		소한					●삭20시57분 음12월대					
음력	20일	21일	22일	23일	24일	25일	26일	27일	28일	29일	1일	2일	3일	4일	5일	6일
일진(日辰)5행	갑자(甲子)금	을축(乙丑)금	병인(丙寅)화	정묘(丁卯)화	무진(戊辰)목	기사(己巳)목	경오(庚午)토	신미(辛未)토	임신(壬申)금	계유(癸酉)금	갑술(甲戌)화	을해(乙亥)화	병자(丙子)수	정축(丁丑)수	무인(戊寅)토	기묘(己卯)토
28수	필畢	자觜	삼參	정井	귀鬼	유柳	성星	장張	익翼	진軫	각角	항亢	저氐	방房	심心	미尾
12신	건建	제除	만滿	평平	정定	정定	집執	파破	위危	성成	수收	개開	폐閉	건建	제除	만滿
9성	일백	이흑	삼벽	사록	오황	육백	칠적	팔백	구자	일백	이흑	삼벽	사록	오황	육백	칠적
혼주인당	시아버지	방안	시어머니	신랑	부엌	신부	조왕	집안	시아버지	방안	신랑	시어머니	방안	시아버지	집안	조왕
행사길일(行事吉日) 및 불길일(不吉日)	길 제사불공	길 양공기일일	길 월기일	길 제사기도여행약혼결혼재의가수동토상량개업파토	길 제사살충도살수렵	길 제사기도약혼결혼재의가수동토상량담그기납축	매사에 이롭지 못함	복단일	길 제사여행약혼결혼이사재의가수동토상량담그기벌목납축안장	길 살충도살	길 제사불공살충도살수렵	길 제사기도재의가수동토상량개업납축	길 제사장그기안장	매사에 이롭지 못함	길 월기일	길 제사
											大공망			大공망		
만조시각	진술	진술	사해	사해	사해	자오	축미	축미	축미	인신	묘유	묘유	묘유	진술	진술	진술

(음) 2월 민속

2월 ≡ 묘(卯)월이라고 하며, 경칩과 춘분이 있는 달이다. 율명(律名)은 고선(姑銑)이라고 한다. 납향(臘享) ≡ 농사(農事)를 천하의 대본(大本)으로 생각하고 농사는 천지(天地)의 신령(神靈)이 도와주심으로, 농사가 끝난 뒤에 천지 신령에게 고마움을 제사지낸다. 경칩(驚蟄) ≡ 경칩은 정월로 들기도 하지만 2월에 들어 있다. 이 날은 밤낮의 길이가 같은 날이다. 대청소(大淸掃) ≡ 온 집안을 깨끗이 청소하고 종이를 오려 「향낭각씨속거천리(香娘閣氏速去千里)」라고 속히 천리 밖으로 도망가라. 라는 여덟 한자를 써서 서까래에 붙인다. 춘분(春分) ≡ 춘분은 24절기 중에 2월에 들어 있다. 이 날은 밤낮의 길이가 같은 날이다. 동면하던 곤충들이 땅속에서 나오기 시작한다.

22일	21일	20일	19일	18일	17일	16일	15일	14일	13일	12일		11일	10일	9일	8일
31일	30일	29일	28일	27일	26일	25일	24일	23일	22일	21일		20일	19일	18일	17일
일	토	금	목	수	화	월	일	토	금	목		수	화	월	일
						○망16시0분					춘분(春分) 12시 6분 구2월중 — 봄철 태양황경이 분기되는 철	춘분			●상현13시11분
갑오(甲午)금	계사(癸巳)수	임진(壬辰)수	신묘(辛卯)목	경인(庚寅)목	기축(己丑)화	무자(戊子)화	정해(丁亥)토	병술(丙戌)토	을유(乙酉)수	갑신(甲申)수		계미(癸未)목	임오(壬午)목	신사(辛巳)금	경진(庚辰)금
성星	유柳	귀鬼	정井	삼參	자觜	필畢	묘昴	위胃	루婁	규奎		벽壁	실室	위危	허虛
평平	만滿	제除	건建	폐閉	개開	수收	성成	위危	파破	집執		정定	평平	만滿	제除
일백	이흑	삼벽	사록	오황	육백	칠적	팔백	구자	일백	이흑		삼벽	사록	오황	육백
조왕	집안	시아버지	방안	시어머니	신랑	부엌	신부	조왕	집안	시아버지		방안	시어머니	신랑	부엌
길	길	길	길	길	길	길	길	길	길	길		길	길	길	길
제사	제사기도재의개업납축	제사여행	제사기도재의개업납축	재의장담그기개업납축파토	제사기도불공여행약혼결혼이사재의가수동토상량개업납축	매사에 이롭지 못함	제사기도여행약혼이사재의가수동토상량개업납축	매사에 이롭지 못함	복단일 월기일	제사살충도살		양공기일	제사	제사	제사기도재의개업납축여행
	大空亡	大空亡	大空亡		大空亡		大空亡	大空亡		大空亡					
사해	진술	진술	진술	모유	모유	모유	인신	인신	축미	축미		축미	자오	사해	사해

양력	1일	2일	3일	4일	5일	6일	7일	8일	9일	10일	11일	12일	13일	14일	15일	16일
요일	월	화	수	목	금	토	일	월	화	수	목	금	토	일	월	화
적요(摘要)		◐하현12시15분		청명	한식				●삭3시21분 음3월소							◑상현4시13분
음력	23일	24일	25일	26일	27일	28일	29일	30일	1일	2일	3일	4일	5일	6일	7일	8일
일진(日辰 5행)	을미(乙未)금	병신(丙申)금	정유(丁酉)화	무술(戊戌)목	기해(己亥)목	경자(庚子)토	신축(辛丑)토	임인(壬寅)금	계묘(癸卯)금	갑진(甲辰)화	을사(乙巳)화	병오(丙午)수	정미(丁未)수	무신(戊申)토	기유(己酉)토	경술(庚戌)금
28수	장張	익翼	진軫	각角	항亢	저氐	방房	심心	미尾	기箕	두斗	우牛	여女	허虛	위危	실室
12신	정定	집執	파破	파破	위危	성成	수收	개開	폐閉	건建	제除	만滿	평平	정定	집執	파破
9성	이흑	삼벽	사록	오황	육백	칠적	팔백	구자	일백	이흑	삼벽	사록	오황	육백	칠적	팔백
혼주인당	신부	부엌	신랑	시어머니	방안	시아버지	집안	조왕	신부	조왕	집안	시아버지	방안	시어머니	신랑	부엌
	길	길	길 고기잡이	길	길	길	길	길	길	길	길	길	길	길	길	길
	매사에 이롭지 못함				제사기도약혼이사재의가동토상량개업납축	매사에 이롭지 못함	재의장담그기여행이사재의가동토상량납축	제사기도약혼결혼장담그기살충도살납축안장	개盖옥屋	제사	개盖옥屋	제사	월忌기일	제사	제사기도약혼결혼장담그기살충도살잡이납축안장	제사파옥
	복伏단斷일日 월忌기일	제사佛供살충도살고기잡이		청명					伏복斷단日일							
									大대공空亡망	大대공空亡망				大대공空亡망		
만조시각	사해	사해	자오	축미	축미	축미	인신	인신	모유	모유	모유	진술	진술	진술	사해	사해

4월 소 (30일) 음력 2월 23일부터 3월 22일까지

청명(淸明) 16시 2분 구3월절 — 날씨가 맑고 밝은 철 —

건무진 음3월소
구자 오황 삼록
칠적 삼벽 팔백
이흑 일육백

행사길일(行事吉日) 및 불길일(不吉日)

- 8 -

17일	18일	19일		20일	21일	22일	23일	24일	25일	26일	27일	28일	29일	30일	(음) 3월 민속
수	목	금	곡우(穀雨) 22시 59분 구3월 중 ─ 곡식에 좋은 비가 내리는 철 ─	토	일	월	화	수 ○망 8시 49분	목	금	토	일	월	화	청명(淸明) = 농촌에서는 이날부터 춘경(春耕)이 시작된다. 때로는 같은 날이 되기도 한다. 이날은 사절일(四節日)의 하나로 모두 조상에게 성묘한다. 곡우낙종(穀雨落種)이란 말과 같이 이때부터 씨나락을 물에 담그고 묘판을 설치하여 본격적인 농사에 착수하기 시작한다. 삼일(三日)=삼짇날= 3월 3일은 삼짇날이라고 한다. 강남갔던 제비가 돌아온다는 날이다. 이때쯤 되면 산에 들에 꽃이 피기 시작한다. 개나리 · 할미꽃에 이어 진달래꽃이 온 산에 만발하여 온 강산 어디가나 진달래꽃 동산이다.
9일	10일	11일	곡우	12일	13일	14일	15일	16일	17일	18일	19일	20일	21일	22일	
신해(辛亥)금	임자(壬子)목	계축(癸丑)목		갑인(甲寅)수	을묘(乙卯)수	병진(丙辰)토	정사(丁巳)토	무오(戊午)화	기미(己未)화	경신(庚申)목	신유(辛酉)목	임술(壬戌)수	계해(癸亥)수	갑자(甲子)금	
벽壁	규奎	루婁		위胃	묘昴	필畢	자觜	삼參	정井	귀鬼	유柳	성星	장張	익翼	
위危	성成	수收		개開	폐閉	건建	제除	만滿	평平	정定	집執	파破	위危	성成	
구자	일백	이흑		삼벽	사록	오황	육백	칠적	팔백	구자	일백	이흑	삼벽	사록	
신부	조왕	집안		시아버지	방안	시어머니	신랑	부엌	신부	조왕	집안	시아버지	방안	시어머니	
	길	길		길	길	길	길	매사에 이롭지 못함	길	길	길	길	길	길	
伏斷日 양공기일	제사여행약혼결혼재의가수동토상량담그기개업납축파토안장	제사불공살충도살		불공여행이사재의가수동토상량개업	살충도살	월기일	제사기도약혼결혼이사재의가수동토상량담그기개업납축	제사장담그기	伏斷日	제사기도약혼결혼재의가수동토상량담그기개업납축	제사불공파옥	개옥	제사기도약혼결혼재의가수동토상량담그기개업납축	제사불공살충도살	
		大空亡대													
사해	자오	축미		축미	축미	인신	인신	모유	모유	모유	진술	진술	진술	사해	

5월 대 (31일) 음력 3월 23일부터 4월 24일부터

입하 (立夏) 9시 10분 구4월절 — 여름이 시작되는 철 —

건기사 음4월소
- 팔사록십육
- 육이흑칠척
- 일구자오황

양력	1일	2일	3일	4일	5일	6일	7일	8일	9일	10일	11일	12일	13일	14일	15일	16일
요일	수	목	금	토	일	월	화	수	목	금	토	일	월	화	수	목
적요(摘要)	◐하현 20시 27분				어린이날 / 입하	대체공휴일		●삭 12시 22분 / 음4월소							◑상현 20시 48분 석가탄신일	
음력	23일	24일	25일	26일	27일	28일	29일	1일	2일	3일	4일	5일	6일	7일	8일	9일
일진(日辰) 5행	을축(乙丑)금	병인(丙寅)화	정묘(丁卯)화	무진(戊辰)목	기사(己巳)목	경오(庚午)토	신미(辛未)토	임신(壬申)금	계유(癸酉)금	갑술(甲戌)화	을해(乙亥)화	병자(丙子)수	정축(丁丑)수	무인(戊寅)토	기묘(己卯)토	경진(庚辰)금
28수	진軫	각角	항亢	저氐	방房	심心	미尾	기箕	두斗	우牛	여女	허虛	위危	실室	벽壁	규奎
12신	수收	개開	폐閉	건建	건建	제除	만滿	평平	정定	집執	파破	위危	성成	수收	개開	폐閉
9성	오황	육백	칠적	팔백	구자	일백	이흑	삼벽	사록	오황	육백	칠적	팔백	구자	일백	이흑
혼주인당	신랑	부엌	신부	조왕	집안	시아버지	방안	신부	조왕	집안	시아버지	방안	시어머니	신랑	부엌	신부
행사길일(行事吉日) 및 불길일(不吉日)	길 / 月忌日	길 / 佛供여행約婚行移裁衣가수동土上樑開業	길 / 祭祀제사裁의	매사에 이롭지 못함	伏斷日복단일	길 / 제사불공	매사에 이롭지 못함	길 / 祭祀제사	길 / 旅行約婚結婚移徙裁衣의가수리動土上樑담기開業納畜	길 / 祭祀파옥殺虫도살	길 / 佛供結婚살충도살	길 / 祭祀破屋	길 / 旅行約婚結婚裁衣의가수동토리動土上樑담기開業納畜파토안장	伏斷日복단일 / 月忌日	길 / 祭祀제사 / 楊公忌日양공기일	길 / 제사
만조시각	사해	사해	자오	축미	축미	축미	인신	모유	모유	모유	진술	진술	진술	사해	사해	사해

大空亡대공망 (8일, 14일, 15일)

17일	18일	19일	20일	소만(小滿) 22시 0분 구4월 중 - 보리알이 굵어지는 철 -	21일	22일	23일	24일	25일	26일	27일	28일	29일	30일	31일	(음) 4월 민속
금	토	일	월		화	수	목	금	토	일	월	화	수	목	금	
			소만				○망22시 53분								◐하현2시 13분	팔일(八日)=이 날은 석가의 탄신일이어서 욕불일(浴佛日)이라고 하여, 또 이날의 저녁을 등석(燈夕)이라 하여 각 가정에서 오색(五色)의 종이를 바른 등에 불을 붙이어 방 밖에 걸어 놓는다. 화전(花煎)=생선과 황색의 국화꽃잎·파·석이버섯·전복·달걀 등을 실처럼 가루로 반죽하여 달 모양으로 빚어서 기름에 튀긴 것으로, 이것을 일명 유전(油煎)이라 한다. 어채(魚采)=이것에 초장유초장유(醋醬油)를 끼얹어 섞어 만든다. 상원(上元)=음력 정월 보름날 찹쌀밥에 대추, 밤, 기름, 꿀, 간장, 잣을 섞어 쪄서 만들면 검붉은 빛깔이 나는데 이것을 약밥(藥食)이라고 하여 상원의 가찬(佳饌)으로서 제사에 쓰인다.
10일	11일	12일	13일		14일	15일	16일	17일	18일	19일	20일	21일	22일	23일	24일	
신사(辛巳)금	임오(壬午)목	계미(癸未)목	갑신(甲申)수		을유(乙酉)수	병술(丙戌)토	정해(丁亥)토	무자(戊子)화	기축(己丑)화	경인(庚寅)목	신묘(辛卯)목	임진(壬辰)수	계사(癸巳)수	갑오(甲午)금	을미(乙未)금	
루婁	위胃	묘昴	필畢		자觜	삼參	정井	귀鬼	유柳	성星	장張	익翼	진軫	각角	항亢	
건建	제除	만滿	평平		정定	집執	파破	위危	성成	수收	개開	폐閉	건建	제除	만滿	
삼벽	사록	오황	육백		칠적	팔백	구자	일백	이흑	삼벽	사록	오황	육백	칠적	팔백	
조왕	집안	시어머니	방안		시어머니	신랑	부엌	신부	조왕	집안	시어머니	방안	시어머니	신랑	부엌	
길	길	길	길		길	길	길	길	길	길	길	매사에 이롭지 못함	길	길	길	
제사기도약혼결혼이사재의상량납축	제사기도약혼여행파토안장	제사기도	제사		복단일 월기일	제사기도여행약혼결혼이사재의가옥수리동토상량장그기납축안장	파옥	제사불공재의	제사기도불공여행약혼결혼이사재의가옥수리동토상량살충도살납축안장	여행약혼결혼이사재의가옥수리상량개업납축	제사기도여행약혼결혼이사재의가옥수리동토상량담그기개업납축	재의	제사기도약혼결혼이사재의가옥수리上樑담그기개업납축	재의衣	복단일 월기일	제사	
		大대공공망亡망	大대공공망亡망		大대공공망亡망						大대공공망亡망		大대공공망亡망	大대공공망亡망	大대공공망亡망	
자오	축미	축미	축미		인신	인신	모유	모유	모유	진술	진술	진술	사해	사해	사해	

건제오
경대
음5월대

칠적	삼벽	이흑
오황	일육	육백
구자	팔백	삼록

6월 소 (30일)

음력 4월 25일부터 / 5월 25일부터

망종(芒種) 13시 10분 구5월절 — 보리를 베는 철 —

양력	1일	2일	3일	4일	5일	6일	7일	8일	9일	10일	11일	12일	13일	14일	15일	16일
요일	토	일	월	화	수	목	금	토	일	월	화	수	목	금	토	일
적요(摘要)					망종	현충일 ●삭21시38분 음5월대				단오				●상현14시18분		
음력	25일	26일	27일	28일	29일	1일	2일	3일	4일	5일	6일	7일	8일	9일	10일	11일
일진(日辰) 5행	병신(丙申)화	정유(丁酉)화	무술(戊戌)목	기해(己亥)목	경자(庚子)토	신축(辛丑)토	임인(壬寅)금	계묘(癸卯)금	갑진(甲辰)화	을사(乙巳)화	병오(丙午)수	정미(丁未)수	무신(戊申)토	기유(己酉)토	경술(庚戌)금	신해(辛亥)금
28수	저氐	방房	심心	미尾	기箕	두斗	우牛	여女	허虛	위危	실室	벽璧	규奎	루婁	위胃	묘昴
12신	평平	정定	집執	파破	파破	위危	성成	수收	개開	폐閉	건建	제除	만滿	평平	정定	집執
9성	구자	일백	이흑	삼벽	사록	오황	육백	칠적	팔백	구자	일백	이흑	삼벽	사록	오황	육백
혼주인당	신부	조왕	집안	시아버지	방안	신랑	시어머니	방안	시아버지	집안	조왕	신부	부엌	신랑	시어머니	방안
	길	길	길	길	길	길	길	길	길	매사에 이롭지 못함	길	길	길	길	길	길
						伏斷日		伏斷日		月忌日 양공기일				伏斷日		
행사길일(行事吉日) 및 불길일(不吉日)	제사불공여행약혼결혼이사재의가수동토상량장그개업납축	제사기도여행약혼결혼이사재의가수동토상량납축파토안장	제사약혼결혼이사재의가수동토상량살충도살	제사파옥	제사기도여행약혼결혼이사재의가수동토상량납축파토안장	伏斷日	제사기신도여행약혼결혼이사재의가수동토상량담그개업납축파토	伏斷日	제사기도여행약혼결혼이사재의상량	月忌日	제사	제사불공여행약혼결혼이사재의가수동토상량장그개업납축	제사기도여행약혼결혼이사재의가수동토상량담그개업납축	제사	제사	제사살충도살
													大空亡		大空亡	
만조시각	자오	축미	축미	축미	인신		모유	모유	모유	진술	진술	진술	사해	사해	사해	자오	축미

(음) 5월 민속

단오(端午) = 단오절(端午節)이라 하고 우리나라 3대 명절중의 하나이다. 오시(午時=正午)는 태양이 중앙에 오고, 일 년 중 양기(陽氣)가 가장 왕성한 시기이다. 단오(端午)의 「단(端)」자는 「시작」, 「처음」이란 말이고 오(午)자는 「五」자와 뜻이 같다고 하여 5월, 즉 초닷샛날이란 뜻이다. 술의일(戌衣日) = 단오절을 술의일이라고도 하는데, 술의(戌衣)란 수레란 것이다. 단오절을 술(戌)의 일이라고 하여 「수릿날」이라고도 한다. 이날은 쑥을 캐어 이것을 곱게 빻아 멥쌀가루와 섞어서 차륜형(車輪形)의 떡을 만들어 먹는데, 이 떡을 수리떡이라 한다. 떡집에서는 시절떡이라 하여 판다. 그네뛰기, 격구, 편싸움, 씨름 등 씩씩한 경기를 하고 창포 삶은 물을 먹고 두통을 앓지 않는다 하여 창포 뿌리를 깎아서 머리에 꽂는다.

30일 일	29일 토	28일 금	27일 목	26일 수	25일 화	24일 월	23일 일	22일 토		21일 금	20일 목	19일 수	18일 화	17일 월
	●하현 6시 53분							○망 10시 8분	하지(夏至) 5시 51분 구 5월 중 ― 여름의 막바지 철 ―	하지				
25일	24일	23일	22일	21일	20일	19일	18일	17일		16일	15일	14일	13일	12일
을축(乙丑)금	갑자(甲子)금	계해(癸亥)수	임술(壬戌)수	신유(辛酉)목	경신(庚申)목	기미(己未)화	무오(戊午)화	정사(丁巳)토		병진(丙辰)토	을묘(乙卯)수	갑인(甲寅)수	계축(癸丑)목	임자(壬子)목
방房	저氐	항亢	각角	진軫	익翼	장張	성星	유柳		귀鬼	정井	삼參	자觜	필畢
위危	파破	집執	정定	평平	만滿	제除	건建	폐閉		개開	수收	성成	위危	파破
팔백	구자	구자	칠적	육백	오황	사록	삼벽			이흑	일백	구자	팔백	칠적
신랑	부엌	신부	조왕	집안	시아버지	방안	시어머니	신랑		부엌	신부	조왕	집안	시아버지
길	길			길	길		길	길		길	길	길		길
제사 불공	매사에 이롭지 못함	월기일	제사 祭祀祈禱佛供	제사기도이사재의개업파토안장 祭祀祈禱移徙裁衣開業破土安葬	제사기도약혼결혼재의상량장그기납축 祭祀祈禱約婚結婚裁衣上樑擔架納畜	복단일 伏斷日	매사에 이롭지 못함	재의 裁衣		제사기도불공여행약혼결혼이사재의가수동토상량개업납축 祭祀祈禱佛供旅行約婚結婚移徙裁衣家修動土上樑開業納畜	제사 祭祀	월기일	제사불공 祭祀佛供	매사에 이롭지 못함
대공망 大空亡														대공망 大空亡

축미 축미 인신 인신 모유　　모유 모유 진술 진술 진술 사해 사해 사해 자오

7월 대 (31일)

음력 5월 26일부터 6월 26일까지

음6월소 건신미

| 육백 이흑 일백 |
| 사록 구자 오황 |
| 팔백 칠적 삼벽 |

적요(摘要)	양력	1일 月	2일 火	3일 水	4일 木	5일 金	6일 土 ●삭7시 57분 소서 음6월소	소서(小暑) 23시 20분 구6월절 — 조금 더운 철 —	7일 日	8일 月	9일 火	10일 水	11일 木	12일 金	13일 土	14일 日 ◐상현 7시 49분	15일 月 초복	16일 火
음력		26일	27일	28일	29일	30일	1일		2일	3일	4일	5일	6일	7일	8일	9일	10일	11일
일진(日辰) 5행		병인(丙寅) 화	정묘(丁卯) 화	무진(戊辰) 목	기사(己巳) 목	경오(庚午) 토	신미(辛未) 토		임신(壬申) 금	계유(癸酉) 금	갑술(甲戌) 화	을해(乙亥) 화	병자(丙子) 수	정축(丁丑) 수	무인(戊寅) 토	기묘(己卯) 토	경진(庚辰) 금	신사(辛巳) 금
28수		심心	미尾	기箕	두斗	우牛	여女		허虛	위危	실室	벽壁	규奎	루婁	위胃	묘昴	필畢	자觜
12신		성成	수收	개開	폐閉	건建	건建		제除	만滿	평平	정定	집執	파破	위危	성成	수收	개開
9성		칠적	육백	오황	사록	삼벽	이흑		일백	구자	팔백	칠적	육백	오황	사록	삼벽	이흑	일백
혼인 주당		시어머니	방안	시아버지	집안	조왕	신부		조왕	집안	시아버지	방안	시어머니	신랑	부엌	신부	조왕	집안
행사길일(行事吉日) 및 불길일(不吉日)		길 祭祀장담그기	길 제사장담그기	길 伏斷日 제사재의납축	길 祭祀裁衣納畜	매사에 이롭지 못함	길 祭祀祈禱旅行約婚移徙裁衣上樑納畜		길 제사祀	楊公忌日	길 祭祀佛供	伏斷日 月忌日	길 祭祀佛供	살충도살	매사에 이롭지 못함	길 佛供旅行約婚結婚裁衣屋裏動土上樑담그기開業納畜	길 祭祀살충도살납축	길 제사祀
만조시각		축미	축미	축미	인신	인신	모유		모유	모유	진술	진술	진술	사해	사해	사해	자오	축미

17일	18일	19일	20일	21일	22일		23일	24일	25일	26일	27일	28일	29일	30일	31일	(음) 6월 민속
수	목	금	토	일	월		화	수	목	금	토	일	월	화	수	
제헌절				○망19시17분	대서	대서(大暑) 16시 44분 구 6월 중 - 매우 더운 철 -			중복			❶하현11시52분				유두일(流頭日) = 6월 15일을 유두라고 하는데 매년 이날에 맑은 물 또는 폭포에서 머리·몸 등을 깨끗이 씻고 청량(淸凉)을 취한다. 이와 같이 하면 불상(不祥)을 없애고, 더위를 먹지 않는다고 전해지고 있다. 삼복(三伏) = 만세력(萬歲曆)에 정해진 초복(初伏)·중복(中伏)·말복(末伏)을 일컬어 삼복이라 한다. 복날은 더위가 몹시 혹독하므로, 산수(山水)가 좋은 곳으로 가서 탁족(濯足)이라 해서 맑은 물에 발을 담가 놓고 시를 짓거나 잔을 돌리어 더위를 잊는 것이다. 피서(避暑) = 삼복 사이의 서중(暑中)에는 녹음에서 피서를 하는데 근대와 와서는 해변 등의 명승지(名勝地)를 찾아 피서를 한다.
12일	13일	14일	15일	16일	17일		18일	19일	20일	21일	22일	23일	24일	25일	26일	
임오(壬午)목	계미(癸未)목	갑신(甲申)수	을유(乙酉)수	병술(丙戌)토	정해(丁亥)토		무자(戊子)화	기축(己丑)화	경인(庚寅)목	신묘(辛卯)목	임진(壬辰)수	계사(癸巳)수	갑오(甲午)금	을미(乙未)금	병신(丙申)화	
삼參	정井	귀鬼	유柳	성星	장張		익翼	진軫	각角	항亢	저氐	방房	심心	미尾	기箕	
폐閉	건建	제除	만滿	평平	정定		집執	파破	위危	성成	수收	개開	폐閉	건建	제除	
구자	팔백	칠적	육백	오황	사록		삼벽	이흑	일백	구자	팔백	칠적	육백	오황	사록	
시아버지	방안	시어머니	신랑	부엌	신부		조왕	집안	시아버지	방안	시어머니	신랑	부엌	신부	조왕	
길	길	길	길	길	길		길	길	길	길	길	길	길	길	길	
장담그기 파토 안장	여행결혼	복단일 월기일	제사불공	제사재의납축	재의가수동토상량납축		제사불공재의살충도살	재의살충	약혼결혼이사재의가수동토상량개업납축파토	제사신기도여행약결혼이사재의가수동토상량개업납축파토	제사그기개업납축파토	복단일 월기일	제사재의장파토안장	제사여행결혼	제사불공	
	大空亡대공망	大空亡대공망	大空亡대공망				大空亡대공망	大空亡대공망	大空亡대공망							
축미	축미	인신	인신	모유	모유		모유	진술	진술	진술	사해	사해	사해	자오	축미	

오황일백구자
삼벽팔백사록
칠적육백이흑

건임신 음7월대

8월 대 (31일) 음력 7월 28일까지 / 6월 27일부터

양력	1일	2일	3일	4일	5일	6일	7일	8일	9일	10일	11일	12일	13일	14일	15일	16일
요일	목	금	토	㊐	월	화	수	목	금	토	㊐	월	화	수	목	금
적요(摘要)				●삭 20시13분 음7월대			입추			칠석		말복	◐상현 0시19분		광복절
음력	27일	28일	29일	1일	2일	3일	4일	5일	6일	7일	8일	9일	10일	11일	12일	13일
일진(日辰)5행	정유(丁酉)화	무술(戊戌)목	기해(己亥)목	경자(庚子)토	신축(辛丑)토	임인(壬寅)금	계묘(癸卯)금	갑진(甲辰)화	을사(乙巳)화	병오(丙午)수	정미(丁未)수	무신(戊申)토	기유(己酉)토	경술(庚戌)금	신해(辛亥)금	임자(壬子)목
28수	두斗	우牛	여女	허虛	위危	실室	벽壁	규奎	루婁	위胃	묘昴	필畢	자觜	삼參	정井	귀鬼
12신	만滿	평平	정定	집執	파破	위危	위危	성成	수收	개開	폐閉	건建	제除	만滿	평平	정定
9성	삼벽	이흑	일백	구자	팔백	칠적	육백	오황	사록	삼벽	이흑	일백	구자	팔백	칠적	육백
혼주인당	집안	시아버지	방안	신랑	시어머니	방안	시아버지	집안	조왕	신부	부엌	신랑	시어머니	방안	시아버지	집안
행사길일(行事吉日) 및 불길일(不吉日)	길 제사	길 매사에 이롭지 못함	길 제사기도여행약혼결혼이사재의가수리동토상량납축 伏斷日 양공忌日	길 伏斷日 살충도살	길 살충도살	길 伏斷日	길 제사기도여행약혼결혼이사재의가수리동토상량납축안장	길 月忌日 제사	길 제사 약혼결혼개업살충도살납축	길 제사기도여행약혼결혼이사재의상량납축 伏斷日	길 제사기도여행약혼결혼이사재의상량납축안장	길 제사기도여행약혼결혼이사재의상량납축	길 제사 재의납축	길 제사	길 제사여행약혼결혼이사가옥수리동토상량담기개업납축	길 제사여행약혼결혼이사가옥수리동토상량담기개업납축파토안장
							大空亡대공망					大空亡대공망				大空亡대공망

입추(立秋) 9시 9분 구7월절 ― 가을이 시작되는 철 ―

만조시각: 축미 축미 인신 모유 모유 모유 진술 진술 진술 사해 사해 사해 자오 축미 축미 축미

(음) 7월 민속

칠석(七夕) = 7월 7일은 칠석(七夕)이라 한다. 불가에서는 매년 이 날이 되면, 각 사원에서 재(祭)를 베풀고 부처님께 공양하고, 망혼일(亡魂日)이라 하여 달빛이 맑은 이날 밤에 소채·과실·주반(酒飯)을 갖추어 망친(亡親)의 혼령을 초대한다.

백중(百中) = 음 7월 15일은 백중(百中=百種) 또는 중원절(中元節)이라고도 하여 민간에서는 약수터나 절간의 약수도 마시고 부처님께 제(祭)를 올리고 돌아가신 부모님의 명복을 빌며 하루를 즐겁게 지낸다.

15일(十五日) = 이 날을 백종일(百種日), 백중절(百中節), 또는 중원(中元)이라고 한 분에 담아 부처에게 공양하는 날이다. 또 이 날 7월 15일에는 백미(百味)의 음식을 분에 담아 부처에게 공양한다.

처서(處暑) 23시 55분 구7월중 - 더위가 그치는 철 -

17일 토	18일 일	19일 월	20일 화 ○망3시26분	21일 수	22일 목 처서	23일 금	24일 토	25일 일	26일 월 ◐하현18시26분	27일 화	28일 수	29일 목	30일 금	31일 토
14일	15일	16일	17일	18일	19일	20일	21일	22일	23일	24일	25일	26일	27일	28일
계축(癸丑)목	갑인(甲寅)수	을묘(乙卯)수	병진(丙辰)토	정사(丁巳)토	무오(戊午)화	기미(己未)화	경신(庚申)목	신유(辛酉)목	임술(壬戌)수	계해(癸亥)수	갑자(甲子)금	을축(乙丑)금	병인(丙寅)화	정묘(丁卯)화
유柳	성星	장張	익翼	진軫	각角	항亢	저氐	방房	심心	미尾	기箕	두斗	우牛	여女
집執	파破	위危	성成	수收	개開	폐閉	건建	제除	만滿	평平	정定	집執	파破	위危
오황	사록	삼벽	이흑	일백	구자	팔백	칠적	육백	오황	사록	삼벽	이흑	일백	구자
조왕	신부	부엌	신랑	시어머니	방안	시아버지	집안	조왕	신부	부엌	신랑	시어머니	방안	시아버지
			길	길				길	길	길	길			
월기일	매사에 이롭지 못함	매사에 이롭지 못함	제사불공	제사기도약혼결혼이사재의가수동토상량장그개업살충도살납축	복단일	매사에 이롭지 못함	월기일	제사	불공파토안장 여행재의납축	복단일	제사기도불공여행약혼결혼이사재의가수동토상량장그개업납축	매사에 이롭지 못함	복단일	大空亡 대공망
인신	인신	모유	모유	모유	진술	진술	진술	사해	사해	사해	자오	축미	축미	축미

9월 소 (30일)

음력: 7월 29일부터 8월 28일까지

건계유 음8월대
- 사록 구자 팔백
- 이흑 칠적 삼벽
- 육백 오황 일백

백로(白露) 12시 11분 구8월절 - 흰 이슬이 내리는 철 -

양력	1일	2일	3일	4일	5일	6일	7일	8일	9일	10일	11일	12일	13일	14일	15일	16일
요일	일	월	화	수	목	금	토	일	월	화	수	목	금	토	일	월
적요(摘要)			●삭 10시 56분 음8월대				백로				◐상현 15시 6분					
음력	29일	30일	1일	2일	3일	4일	5일	6일	7일	8일	9일	10일	11일	12일	13일	14일
일진(日辰)5행	무진(戊辰)목	기사(己巳)목	경오(庚午)토	신미(辛未)토	임신(壬申)금	계유(癸酉)금	갑술(甲戌)화	을해(乙亥)화	병자(丙子)수	정축(丁丑)수	무인(戊寅)토	기묘(己卯)토	경진(庚辰)금	신사(辛巳)금	임오(壬午)목	계미(癸未)목
28수	허虛	위危	실室	벽壁	규奎	루婁	위胃	묘昴	필畢	자觜	삼參	정井	귀鬼	유柳	성星	장張
12신	성成	수收	개開	폐閉	건建	제除	제除	만滿	평平	정定	집執	파破	위危	성成	수收	개開
9성	팔백	칠적	육백	오황	사록	삼벽	이흑	일백	구자	팔백	칠적	육백	오황	사록	삼벽	이흑
혼주인당	집안	조왕	신랑	시어머니	방안	시아버지	집안	조왕	신부	부엌	신랑	시어머니	방안	시아버지	집안	조왕
행사길일(行事吉日) 및 불길일(不吉日)	양공기일 楊公忌日	길 祭祀佛供殺虫屠殺	길 祭祀祈禱婚結婚移徙裁衣의가수동토上樑담기開業納畜살殺虫屠殺	길 祭祀祈禱여행約婚結婚移徙재의가수동토上樑담기開業納畜안葬	길 祭祀재의장납축파土안葬	길 祭祀	伏복斷단日일 月월忌기日일	길 祭祀祈禱여행約婚結婚移徙재의가수동토上樑담기開業納畜	길 祭祀	약約婚結婚재의가수동토上樑納畜	佛供殺虫屠殺	매사에 이롭지 못함	길 祭祀祈禱여행約婚結婚移徙재의가수동토上樑담기開業納畜안葬	길 祭祀祈禱여행約婚結婚移徙재의가수동토上樑담기開業納畜	살殺虫屠殺	伏복斷단日일 月월忌기日일
							大공망				大공망				大공망	
만조시각	인신	인신	모유	모유	모유	진술	진술	진술	사해	사해	사해	자오	축미	축미	축미	인신

- 18 -

(음) 8월 민속

상정일(上丁日) = 이 날은 8월의 맨 처음 정(丁)의 날로서 매년 각지의 유생들이 문묘를 찾아 제향(祭享)을 올리는데 이것을 추기문묘식전(秋期文廟釋奠)이라 하는데 이 제향의 방식과 순서가 2월의 상정일(上丁日)에 올리는 방식과 같은 것이다. 추석(秋夕) = 추석은 정월의 설날과 함께 크게 치는 명절로, 팔월 한가위라고도 한다. 또한 가배일(嘉排日)이라 한다. 더위는 물러가고 백곡은 익어 일년 중 어느 때 보다도 풍성한 때이기도 한다. 차례, 성묘(茶禮, 省墓) = 햇곡식으로 산해진미(山海珍味)를 조리하여, 이것을 추석차례(秋夕茶禮), 또는 8월 천신(薦新)이라 한다. 날 가묘에 바치어 조상께 제사 지내는데, 이것을 추석차례 햇과실과 함께 이

17일 화	18일 수	19일 목	20일 금	21일 토	22일 일		23일 월	24일 화	25일 수	26일 목	27일 금	28일 토	29일 일	30일 월
	○망11시34분					추분(秋分) 21시 44분 구 8월 중 —가을에 태양 황경이 분기되는 철—			●하현3시50분					
추석					추분									
15일	16일	17일	18일	19일	20일		21일	22일	23일	24일	25일	26일	27일	28일
갑신(甲申)수	을유(乙酉)수	병술(丙戌)토	정해(丁亥)토	무자(戊子)화	기축(己丑)화		경인(庚寅)목	신묘(辛卯)목	임진(壬辰)수	계사(癸巳)수	갑오(甲午)금	을미(乙未)금	병신(丙申)화	정유(丁酉)화
익翼	진軫	각角	항亢	저氐	방房		심心	미尾	기箕	두斗	우牛	여女	허虛	위危
폐閉	건建	제除	만滿	평平	정定		집執	파破	위危	성成	수收	개開	폐閉	건建
일백	구자	팔백	칠적	육백	오황		사록	삼벽	이흑	일백	구자	팔백	칠적	육백
신부	부엌	신랑	시어머니	방안	시아버지		집안	조왕	신부	부엌	신랑	시어머니	방안	시아버지
길	길	길	길	길	길		길			길	길	길	길	길
제사재의장담그기납축파토안장	제사불공	제사파옥	제사기도여행약혼결혼이사재의개업	제사기불공	불공약혼결혼재의옥리동토상량담그기납축		살충도살	매사에 이롭지 못함	복단일 월기일 月忌日 伏斷日	제사기도약혼결혼이사재의상량장그기개업납축	제사기도여행약혼결혼이사재의상량장그기개업납축	제사살충도살	양공기일 楊公忌日	제사
大空亡 대공망	大空亡 대공망									大空亡 대공망	大空亡 대공망		大空亡 대공망	大空亡 대공망
인신	모유	모유	모유	진술	진술		진술	사해	사해	사해	자오	축미	축미	축미

10월 대 (31일)

음력 9월 29일까지, 8월 29일부터

건 갑 술 / 음 9월 소

삼벽팔칠 / 일백육흑 / 오황사록구자

양력	1일	2일	3일	4일	5일	6일	7일	8일	9일	10일	11일	12일	13일	14일	15일	16일
요일	화	수	목	금	토	일	월	화	수	목	금	토	일	월	화	수
적요(摘要)			개천절 ●삭 3시 49분 음9월소				한로		한글날		◐상현 3시 55분					

한로(寒露) 4시 0분 구9월절 — 찬 이슬이 내리는 철 —

음력	29일	30일	1일	2일	3일	4일	5일	6일	7일	8일	9일	10일	11일	12일	13일	14일
일진(日辰)5행	정유(丁酉)목	무술(戊戌)목	기해(己亥)목	경자(庚子)토	신축(辛丑)토	임인(壬寅)금	계묘(癸卯)금	갑진(甲辰)화	을사(乙巳)화	병오(丙午)수	정미(丁未)수	무신(戊申)토	기유(己酉)토	경술(庚戌)금	신해(辛亥)금	임자(壬子)목	계축(癸丑)목
28수	실室	벽壁	규奎	루婁	위胃	묘昴	필畢	자觜	삼參	정井	귀鬼	유柳	성星	장張	익翼	진軫
12신	제除	만滿	평平	정定	집執	파破	위危	위危	성成	수收	개開	폐閉	건建	제除	만滿	평平
9성	오황	사록	삼벽	이흑	일백	구자	팔백	칠적	육백	오황	사록	삼벽	이흑	일백	구자	팔백
혼주인당		집안	조왕	신부	조왕	집안	시아버지	방안	시어머니	신랑	부엌	신부	조왕	집안	시아버지	방안	시어머니
행사길일(行事吉日) 및 불길일(不吉日)	길 제사여행	길 伏斷日	길 제사	길 제사	길 제사여행약혼결혼이사가수리動土上樑담기개업納축파土安葬	매사에 이롭지 못함	길 月忌日 제사수렵	길 제사수렵	길 제사여행약혼결혼이사가수리動土上樑담기殺蟲屠殺納畜破土安葬	殺蟲屠殺수렵	길 伏斷日	길 蓋屋	길 제사여행이사재의납축	길 제사기도여행이사재의납축	길 제사	月忌日 매사에 이롭지 못함
									大空亡		大空亡				大空亡	

만조시각: 인신 인신 모유 모유 모유 진술 진술 진술 / 사해 사해 사해 자오 축미 축미 축미 인신

17일	18일	19일	20일	21일	22일	23일		24일	25일	26일	27일	28일	29일	30일	31일	(음) 9월 민속
목	금	토	일	월	화	수		목	금	토	일	월	화	수	목	
○망20시26분								◐하현17시3분								
						상강	상강(霜降) 7시 15분 구9월중 －서리가 내리는 철－									중양절(重陽節) = 이 날은 9일이라고 부르기도 하고, 또 중구(重九) 중양(重陽)이라고 부르기도 한다. 중양이라 함은 양수(陽數)인 9가 접친 것을 이르는 것이다. 이 날은 3월 3일에 왔던 제비가 다시 강남으로 간다고 전한다. 단풍도 아름다운 때라 가을 절경을 찾아 마시고 먹으며 즐긴다. 노인을 공경하는 양로연(養老宴)과 기로연(耆老宴)을 나라에서 베풀고 술과 음식을 하사(下賜)한다. 29일(二十九日) = 이 날은 훈민정음창제반포일(訓民正音創製頒布日)로 가갸날 또는 한글날이라 한다. 해마다 이날이 되면 각 지방에서는 많은 학자가 모여 한글 기념 강연을 한다. 산놀이(山遊) = 국화가 만개하고 단풍의 계절(季節)이 어서, 상국(賞菊) 관풍(觀楓)이라 한다.
15일	16일	17일	18일	19일	20일	21일		22일	23일	24일	25일	26일	27일	28일	29일	
갑인(甲寅)수	을묘(乙卯)수	병진(丙辰)토	정사(丁巳)토	무오(戊午)화	기미(己未)화	경신(庚申)목		신유(辛酉)목	임술(壬戌)수	계해(癸亥)수	갑자(甲子)금	을축(乙丑)금	병인(丙寅)화	정묘(丁卯)화	무진(戊辰)목	
각角	항亢	저氐	방房	심心	미尾	기箕		두斗	우牛	여女	허虛	위危	실室	벽壁	규奎	
정定	집執	파破	위危	성成	수收	개開		폐閉	건建	제除	만滿	평平	정定	집執	파破	
칠적	육백	오황	사록	삼벽	이흑	일백		구자	팔백	칠적	육백	오황	사록	삼벽	이흑	
신랑	부엌	신부	조왕	집안	시아버지	방안		시어머니	신랑	부엌	신부	조왕	집안	시아버지	방안	
길	길	길	길	길				길			길		길	길		
매사에 이롭지 못함	제사살충도살수렵	제사불공파옥	복단일	제사살충도살	제사기도여행이사재의가수동토상량개업	제사기도약혼결혼이사재의가수동토상량개업납축		제사재의	월기일	제사	복단일 양공기일	매사에 이롭지 못함	제사기도약혼결혼장그기살충도살수렵납축파토안장	제사기도약혼결혼담그기살충도살수렵축납파토안장	제사파옥	
															대공망大空亡	
인신	모유	모유	모유	진술	진술	진술		사해	사해	사해	자오	축미	축미	축미	인신	

	양력	1일	2일	3일	4일	5일	6일	7일		8일	9일	10일	11일	12일	13일	14일	15일	16일
11월 소 (30일) 음력 10월 1일부터 10월 30일까지	요일	금	토	일	월	화	수	목	입동(立冬) 7시 20분 구 10월절 - 겨울이 시작되는 철 -	금	토	일	월	화	수	목	금	토
	적요(摘要)	●삭 21시 47분 음10월대						입동			☽상현 14시 55분							○망 6시 29분
	음력	1일	2일	3일	4일	5일	6일	7일		8일	9일	10일	11일	12일	13일	14일	15일	16일
	일진(日辰) 5행	기사(己巳) 목	경오(庚午) 토	신미(辛未) 토	임신(壬申) 금	계유(癸酉) 금	갑술(甲戌) 화	을해(乙亥) 화		병자(丙子) 수	정축(丁丑) 수	무인(戊寅) 토	기묘(己卯) 토	경진(庚辰) 금	신사(辛巳) 금	임오(壬午) 목	계미(癸未) 목	갑신(甲申) 수
	28수	루婁	위胃	묘昴	필畢	자觜	삼參	정井		귀鬼	유柳	성星	장張	익翼	진軫	각角	항亢	저氐
	12신	위危	성成	수收	개開	폐閉	건建	건建		제除	만滿	평平	정定	집執	파破	위危	성成	수收
	9성	일백	구자	팔백	칠적	육백	오황	사록		삼벽	이흑	일백	구자	팔백	칠적	육백	오황	사록
	혼주인당	신랑	시어머니	방안	시아버지	집안	조왕	신부		부엌	신랑	시어머니	방안	시아버지	집안	조왕	신부	부엌
		길	길	길	길	길	길	길		길	길	길	길	길	길	길	길	길
	행사길일(行事吉日) 및 불길일(不吉日)	제사파옥	제사불공여행약혼결혼이사재의가수동토상량개업납축	제사기도약혼재의가수동토상량벌목살충도살수렵	벌목살충도살수렵	복단일 月忌日	제사	제사		여행이사파토	제사	佛供여행약혼결혼이사재의가수동토상량담그기개업납축안장	제사기도여행약혼결혼이사재의가수동토상량담그기개업납축안장	제사기도여행약혼결혼이사재의가수동토상량살충도살납축안장	파옥	복단일 月忌日	제사기도여행약혼결혼이사재의가수동토상량그기개업납축	제사기도여행약혼결혼이사재의가수동토상량벌목납축파토안장
								大空亡									大空亡	大空亡
만조시각		모유	모유	모유	진술	진술	진술	사해		사해	사해	자오	축미	축미	축미	인신	인신	모유

17일	18일	19일	20일	21일	22일		23일	24일	25일	26일	27일	28일	29일	30일	(음) 10월 민속
일	월	화	수	목	금	소설(小雪) 4시 56분 구10월중 -눈이 조금 내리는 철-	토	일	월	화	수	목	금	토	
							●하현 10시 28분								
					소설										
17일	18일	19일	20일	21일	22일		23일	24일	25일	26일	27일	28일	29일	30일	
을유(乙酉)수	병술(丙戌)토	정해(丁亥)토	무자(戊子)화	기축(己丑)화	경인(庚寅)목		신묘(辛卯)목	임진(壬辰)수	계사(癸巳)수	갑오(甲午)금	을미(乙未)금	병신(丙申)화	정유(丁酉)화	무술(戊戌)목	
방房	심心	미尾	기箕	두斗	우牛		여女	허虛	위危	실室	벽壁	규奎	루婁	위胃	
개開	폐閉	건建	제除	만滿	평平		정定	집執	파破	위危	성成	수收	개開	폐閉	
삼벽	이흑	일백	구자	팔백	칠적		육백	오황	사록	삼벽	이흑	일백	구자	팔백	
신랑	시어머니	방안	시아버지	집안	조왕		신부	부엌	신랑	시어머니	방안	시아버지	집안	조왕	
길	길	길	길	길	길		길	길	길	길	길	길	길	길	
제사기도불공여행약혼결혼결혼이사재의가수동토상량개업납축	매사에 이롭지 못함	제사 불공	복단일	伏斷日	旅行約婚結婚移徙裁衣動土上樑담그기開業納畜破土安葬		복단일 월기일 楊公忌日	벌목살충도살수렵	파옥	祭祀祈禱約婚結婚移徙裁衣動土上樑伐木納畜破土安葬	祭祀祈禱旅行約婚結婚移徙裁衣動土上樑開業納畜安葬	佛供殺虫屠殺狩獵	제사	매사에 이롭지 못함	
大空亡							大空亡	大空亡	大空亡						
모유	모유	진술	진술	진술	사해		사해	사해	자오	축미	축미	축미	인신	인신	

(음) 10월 민속

3일(三日) = 10월 3일은 개천일(開天日)이라고 하여 크게 숭상하는데, 이날 대종교(大倧敎)에서는 대제(大祭)를 지낸다. 개천일이란 고대신화에 의하여 국조(國祖)의 천강(天降)을 기념함과 동시에 천신(天神)인 국조에 보사(報謝)의 정성을 나타내는 날이다. 20일(二十日) = 10월 20일에는 해마다 큰 바람이 일어난다고 전해지고 있으며, 이날의 바람을 손돌바람(孫乭風)이라 일컫는다. 성주제(城主祭) = 10월을 상달이라 하여 각 가정에서는 연례에 따라 월내(月內)의 길일을 가려, 햇곡으로써 떡을 찧고 술을 빚어서 가택신(家宅神)에게 제사를 지내며, 일가의 평온무사를 비는 것인데, 그 길일은 오일(午日)을 택한다.

12월 대 (31일)

음력 11월 1일까지 / 12월 1일부터

건병자 / 음11월대
삼벽 일백 팔록 일흑 육백 사록 오황 / 삼벽이흑 칠적구자

양력	1일	2일	3일	4일	5일	6일	7일	8일	9일	10일	11일	12일	13일	14일	15일	16일
요일	일	월	화	수	목	금	토	일	월	화	수	목	금	토	일	월
적요(摘要)	●삭 15시 21분 / 음11월대						대설		◐상현 0시 27분						○망 18시 2분	
음력	1일	2일	3일	4일	5일	6일	7일	8일	9일	10일	11일	12일	13일	14일	15일	16일
일진(日辰) 5행	기해(己亥)목	경자(庚子)토	신축(辛丑)토	임인(壬寅)금	계묘(癸卯)금	갑진(甲辰)화	을사(乙巳)화	병오(丙午)수	정미(丁未)수	무신(戊申)토	기유(己酉)토	경술(庚戌)금	신해(辛亥)금	임자(壬子)목	계축(癸丑)목	갑인(甲寅)수
28수	묘昴	필畢	자觜	삼參	정井	귀鬼	유柳	성星	장張	익翼	진軫	각角	항亢	저氐	방房	심心
12신	건建	제除	만滿	평平	정定	집執	집執	파破	위危	성成	수收	개開	폐閉	건建	제除	만滿
9성	칠적	육백	오황	사록	삼벽	이흑	일백	구자	팔백	칠적	육백	오황	사록	삼벽	이흑	일백
혼주인당	신랑	시어머니	방안	시아버지	집안	조왕	신부	부엌	신랑	시어머니	방안	시아버지	집안	조왕	신부	부엌
행사길일(行事吉日) 및 불길일(不吉日)	길 / 제사	길 / 제사기도여행약혼결혼재의가수동토상량장그개업납축안장	매사에 이롭지 못함	길 / 제사기도여행약혼결혼이사재의가수동토상량장그개업납축파토안장	길 / 월기일	길 / 제사기도여행약혼결혼재의가수동토상량장그개업납축	길 / 제사살충도살	매사에 이롭지 못함 / 복단일	길 / 여행약혼결혼이사재의상량장그개업벌목납축 / 살충도살수렵	길 / 재의 / 살충도살수렵	길 / 제사기도여행약혼결혼이사재의가수동토상량	길 / 제사기도여행약혼재의가수동토상량	길 / 제사기도여행약혼결혼이사재의가수동토상량장그개업납축	길 / 월기일	매사에 이롭지 못함	길 / 불공여행재의가수동토상량개업파토
만조시각	모유	모유	모유	진술	진술	진술	사해	사해	사해	자오	축미	축미	축미	인신	인신	모유

대설(大雪) 0시 17분 구11월절 — 눈이 많이 내리는 철 —

4·5·6일: 大공망 / 15일: 大공망

구자	이흑	칠적	오황	사록
일백	삼벽	팔백	육백	

건정축
음12월소

(음) 11월 민속

양력 12월 22일에 해당하는데, 아세(亞歲)라고 한다. 동지날은 밤이 가장 길고 낮이 가장 짧은 날로, 태양운행의 시발점이므로, 이날의 행사는 정월과 상통하는 것이 많고, 또 이것은 고대 역법(曆法)에 동지를 설날로 삼았던 유풍(遺風)이기도다. 이날은 「작은 설」이라고 하여 팥죽을 쑤어 먹는다. 또 이날 팥죽을 먹어야 정초에 떡국을 먹는 것과 마찬가지로 나이 한 살을 더 먹게 된다고 믿는데, 이 같은 풍습은 아득한 옛날 동지날을 정초로 생각하던 유풍이다. 감제(柑祭) = 나라에서는 과거를 행해서, 고시(考試)하여 우수한 사람에게는 자격을 주는데 이것을 감제(柑祭)라 부른다.

17일	18일	19일	20일	21일		22일	23일	24일	25일	26일	27일	28일	29일	30일	31일
화	수	목	금	토		일	월	화	수	목	금	토	일	월	화
				동지			◐하현7시18분		기독탄신일						●삭7시27분 음12월소

동지(冬至) 18시 21분 구11월절 - 겨울의 막바지 철 -

17일	18일	19일	20일	21일	22일	23일	24일	25일	26일	27일	28일	29일	30일	1일
을묘(乙卯)수	병진(丙辰)토	정사(丁巳)토	무오(戊午)화	기미(己未)화	경신(庚申)목	신유(辛酉)목	임술(壬戌)수	계해(癸亥)수	갑자(甲子)금	을축(乙丑)금	병인(丙寅)화	정묘(丁卯)화	무진(戊辰)목	기사(己巳)목
미尾	기箕	두斗	우牛	여女	허虛	위危	실室	벽壁	규奎	루婁	위胃	묘昴	필畢	자觜
평平	정定	집執	파破	위危	성成	수收	개開	폐閉	건建	제除	만滿	평平	정定	집執
구자	팔백	칠적	육백	오황	사록	삼벽	이흑	일백	일백	이흑	삼벽	사록	오황	육백
신랑	시어머니	방안	시아버지	집안	조왕	신부	부엌	신랑	시어머니	방안	시아버지	집안	조왕	신부
길	길	길	길	길	길	길	길	길	길	길	길	길	길	길
매사에 이롭지 못함	伏복斷단日일 제사살충도살	제사殺殺虫屠殺	매사에 이롭지 못함	楊양公공忌기日일	여행이사재의상량개업벌목납축안장	月월忌기日일	제사기도약혼결혼재의가수동토상량장그기납축	伏복斷단日일 제사불공	제사祈祷佛供여행약혼결혼이사재의가수동토상량장그기납축안장	佛공供여행약혼결혼재의가수동토상량개업파토	제사祈祷佛供旅行약혼결혼재의가수동토상량장그기납축안장 大대空공亡망	제사祈祷도약혼결혼재의가수동토상량개업파토	제사祈祷도약혼결혼재의가수동토상량장그기납축	약혼재의가수동토상량장기납축
모유	모유	진술	진술	진술	사해	사해	사해	자오	축미	축미	축미	인신	인신	모유

서기2025년 단기4358년 을사 1월 대 (31일) 음 을사 1월 3일까지 갑진 12월 2일부터

양력	1일	2일	3일	4일	5일	6일	7일	8일	9일	10일	11일	12일	13일	14일	15일	16일	17일	18일
요일	수	목	금	토	일	월	화	수	목	금	토	일	월	화	수	목	금	토
적요(摘要)	신정				소한													
음력	2일	3일	4일	5일	6일	7일	8일	9일	10일	11일	12일	13일	14일	15일	16일	17일	18일	19일
일진(日辰)5행	경오(庚午)토	신미(辛未)토	임신(壬申)금	계유(癸酉)금	갑술(甲戌)화	을해(乙亥)화	병자(丙子)수	정축(丁丑)수	무인(戊寅)토	기묘(己卯)토	경진(庚辰)금	신사(辛巳)금	임오(壬午)목	계미(癸未)목	갑신(甲申)수	을유(乙酉)수	병술(丙戌)토	정해(丁亥)토
28수	삼參	정井	귀鬼	유柳	성星	장張	익翼	진軫	각角	항亢	저氐	방房	심心	미尾	기箕	두斗	우牛	여女
12신	파破	위危	성成	수收	수收	개開	폐閉	건建	제除	만滿	평平	정定	집執	파破	위危	성成	수收	개開
9성	칠적	팔백	구자	일백	이흑	삼벽	사록	오황	육백	칠적	팔백	구자	일백	이흑	삼벽	사록	오황	육백
혼주인당	조왕	집안	시아버지	방안	시어머니	신랑	부엌	신부	조왕	집안	시아버지	방안	시어머니	신랑	부엌	신부	조왕	집안
행사길일(行事吉日) 및 불길일(不吉日)	길 제사여행약혼결혼재의가수리동토상량벌목살충도살납축파토안장	길 제사파옥	복단일	월기일	길 제사기도재의가수리동토상량개업납축 祭祀祈禱裁衣修理動土上樑開業納畜	길 제사불공살충도살수렵 祭祀佛供殺虫屠殺狩獵	길 제사장담그기안장 祭祀醬開業納畜	길 제사여행이사재의가수리동토상량벌목수렵납축파토안장 祭祀旅行移徙裁衣修理動土上樑伐木狩獵納畜破土安葬	매사에 이롭지 못함	길 불공	길 제사	길 제사	길 제사	복단일	월기일	길 제사파옥	길 제사여행약혼결혼재의가수리동토상량담그기개업벌목수렵납축파토안장 祭祀旅行約婚結婚裁衣修理動土上樑담그기開業伐木狩獵納畜破土安葬	길 제사여행이사재의가수리동토상량담그기개업납축파토안장 祭祀旅行移徙裁衣修理動土上樑담그기開業納畜破土安葬	길 제사살충도살수렵 祭祀殺虫屠殺狩獵	길 양공기일 楊公忌日
					大대공망 空亡	大대공망 空亡							大대공망 空亡	大대공망 空亡	大대공망 空亡			
만조시각	모유	모유	진술	진술	진술	사해	사해	사해	자오	축미	축미	축미	인신	인신	모유	모유	모유	진술

	팔백 사록	육백 이흑 칠적	일백 구자 오황	건무인	을정월대	을사년														

	용어해설	4일 화	3일 월	2일 일	1일 토		31일 금	30일 목	29일 수	28일 화	27일 월	26일 일	25일 토	24일 금	23일 목	22일 수	21일 화	20일 월	19일 일
			입춘						음정월대									대한	
		7일 갑진(甲辰)화	6일 계묘(癸卯)금	5일 임인(壬寅)금	4일 신축(辛丑)토	을사 2월 평 (28일)	3일 경자(庚子)토	2일 기해(己亥)목	1일 무술(戊戌)목	29일 정유(丁酉)화	28일 병신(丙申)화	27일 을미(乙未)금	26일 갑오(甲午)금	25일 계사(癸巳)수	24일 임진(壬辰)수	23일 신묘(辛卯)목	22일 경인(庚寅)목	21일 기축(己丑)화	20일 무자(戊子)화
		익翼	장張	성星	유柳		귀鬼	정井	삼參	자觜	필畢	묘昴	위胃	루婁	규奎	벽壁	실室	위危	허虛
		만滿	제除	제除	건建		폐閉	개開	수收	성成	위危	파破	집執	정定	평平	만滿	제除	건建	폐閉
		오황	사록	삼벽	이흑		일백	구자	팔백	칠적	육백	오황	사록	삼벽	이흑	일백	구자	팔백	칠적
		신부	조왕	집안	시아버지		방안	시어머니	신랑	방안	시아버지	집안	조왕	신부	부엌	신랑	시어머니	방안	시아버지
		길	길	길	제사		길	길	길	파옥屋	길	길	길	길	길	길	길	대한	길
		제사기도약혼재의衣파破土	월기일 여행약혼파破土	월기일	제사		제사	제사기도약혼장그개업납축	제사불공개업납축수렵안장	伏복斷단日일	제사재벌목살충도살	제사파破屋옥	약혼재의衣가수리動土上樑담그納축	혼재衣옥리動土上樑담그그納축	매사에 이롭지 못함	월忌기日일	伏복斷단日일	불공佛供재의衣	伏복斷단日일
진술	진술	진술	사해					모유	모유	모유	인신	축미	축미	축미	자오	사해	사해	진술	진술

복단일(伏斷日) = 모든 일에 대흉신(大凶神)이 작용하여 매사에 불리한 날이다.

월기일(月忌日) = 매사를 피하여야 하는 흉일(凶日)인데 단 오합일(五合日 · 寅卯日)은 무방하다.

양공기일(楊公忌日) = 중국 당나라 국사(國師) 양균송(楊筠松)을 양공(楊公)이라 하여 이 날은 음양택을 모두 피하는 날이다.

대공망(大空亡) = 천지간에 모든 길흉신(吉凶神)이 쉬는 날로 길흉간에 아무런 작용을 아니한다.

- 27 -

출 생 년 (띠별) 운 세

자(子)년 〈쥐띠〉	자존심이 강하여 사람을 상대로 하는 상업 사업보다 사무직 기술직 문학 예술 교육직 계통의 직업이 적합하다. 일생 성패의 굴곡이 많으며 초년 호강하면 중년에는 운이 침체되고, 초년 고생하면 말년에는 재물을 모아 안락한 생활을 누린다.
축(丑)년 〈소띠〉	겉보다 속이 밝고 궁리가 깊으며 유산이 있더라도 변변치 못하여 자수성가 하며 몸은 비록 고되나 노력하면 할수록 보람이 있다. 초년에 부모궁의 결점이 없으면 한 번 크게 고생하며 중년에 풍상이 있으나 말년은 자녀들의 효도를 받는다.
인(寅)년 〈범띠〉	남에게 굽히기를 싫어하여 미움을 받는 경우도 있으나 의협심도 많아 남을 도와주겠다고 마음먹으면 어려움과 손해가 있어도 이를 불구한다. 너무 일을 서두르며 착수하다 실패하는 경우도 많으나 운세는 왕성하여 사업이 활발하고 관운도 좋다.
묘(卯)년 〈토끼띠〉	운이 트일 때는 따뜻한 봄 동산에 온갖 꽃이 활짝 피어 모든 사람이 부러워 할 만큼 행복을 누리지만 행복이 이어지지 않고 좋았다 나빴다 한다. 의식문제로 오랫동안 궁지에 빠지는 일이 없고 큰 갑부는 바라기 어려우나 돈은 많이 쓰고 산다.
진(辰)년 〈용띠〉	교제가 활발하며 좌절하지 않고 확고한 신념으로 밀고 나가는 끈기가 있으며 의식주의 걱정은 하지 않고 모아놓은 재물은 없어도 남보다 잘 먹고 잘 입고 잘 쓴다. 경우에 따라서는 부하를 거느리는 사람이 되거나 갑부가 되기도 한다.
사(巳)년 〈뱀띠〉	부지런하고 외교수단도 좋으나 인덕이 없어 실패를 당하는 경우가 있으며 외화내빈격이라서 남 모르는 근심이 있다. 그러나 고생끝에 행복을 누리는 운이니 초년에 부귀가문에 태어나면 중년에 곤액이 많고 초년이 어려우면 말년에는 운이 트인다.
오(午)년 〈말띠〉	운이 좋은 때는 번창하고 운이 물러설 때는 손재 우환 관재 구설 등 재앙이 닥치나 또 이런 재앙이 저절로 처리되는 운이다. 의식 문제는 해결되며 반은 길하고 반은 흉하니 초년 호강하면 말년 곤궁하고, 초년 고생하면 말년 영화를 누린다.
미(未)년 〈양띠〉	쓸데없는 근심을 많이 하고 막상 심각히 처리할 일에는 즉흥적으로 결정하여 손해를 당하는 예가 적지 않으며 인덕이 없어 잘한 일에 공이 없으나 원대한 뜻은 성취한다. 운은 비록 박하지만 부모유산을 받는다면 유산을 지키고 대성한다.
신(申)년 〈원숭이띠〉	부모 덕이 없어 초년에 풍상을 겪기도 하나 불쌍한 사람을 보면 아낌없는 동정을 발한다. 귀인의 도움이 있고 재운도 따르나 초년 중년에 곤궁하면 말년에 복록을 누리고 투기사업은 금물이고 농사를 경영하거나 근심 없이 지낸다.
유(酉)년 〈닭띠〉	성품이 활발하고 개방적이므로 사람들과 교제가 많고 일에 임하여 세밀하고 재주가 있다. 명예를 중히 여기고 의를 지키면 길하지만 허황된 욕심을 부리다가 일을 그르치는 경우가 많으니 성공하였을 때에 염두에 두어 사업에 근면하면 무난하다.
술(戌)년 〈개띠〉	청렴 정직하나 과격한 성격으로 구설을 많이 듣지만 너그럽게 이해하는 사람은 크게 성공한다. 운수는 근면 성실하면 실패가 적으며 초년은 고생하는데 유산이 없고 유산이 있으면 탕진하고 매사에 적극적이면 결국은 자수성가한다.
해(亥)년 〈돼지띠〉	재물의 근원이 마르지 않아 의식이 궁하지 않으나 한때 곤궁한 시기를 넘기고 차차 운수가 대통한다. 관운도 좋으니 학문을 많이 하면 일찍 명성을 얻어 상당한 명예를 얻는다. 초·중년에 고생이 있으나 중년 말부터는 큰 복록을 누린다.

| 1월~6월 | 출 생 월(음력) 운 세 |

1월	정월에 출생한 사람은 운세가 마치 아침에 돋는 태양처럼 빛나고 성한다. 재주가 있고 운이 왕하니 귀인의 도움이 많다. 그러나 포부가 너무 커서 일이 마음과 같이 안 되는 때가 많다. 남에게 도움을 받아 사방에서 재물이 모이므로 부자가 되어 편안히 생애를 누리며 인생 중 큰 근심은 없다. 11, 21, 31세 등 1세 되는 나이와 해마다 7월을 주의하라. 정월생은 출생한 연월일시 천간에 정이 있으면 천덕귀인이요. 병이 있으면 원덕귀인이라 하여 귀인이 도와주는 별이며 오가 오 귀살(질병)이오 인이 있으면 건강에 조심해야 하고 또 화기에 조심해야 한다.
2월	이월에 출생한 사람은 외호내환으로 겉으로는 좋은 척 하나 속으로는 그렇지 아니하며 경우를 잘 가려 대를 쪼개듯 옳고 그른 판단을 냉정히 내린다. 이성교제가 능하고 따라서 이성에게 후하다 보니 친천 간에는 박하고 소홀한 면이 있으므로 친척과 불합하고 육친과도 정이 없어 고향을 멀리 떠나가 타향에서 세월을 보내는 팔자이다. 운수가 그다지 나쁘지 않으나 뜻과 같이 성취하지는 못한다. 그리고 의외의 사람에게 생각지도 못한 도움을 받거나 자신이나 남이 엄두도 못낸 일을 해냄으로서 여러 사람들을 깜짝 놀라게 하는 경우도 있다. 40세부터 소망이 성취되며 차츰 재산이 늘어 50이 넘으면 안락하게 지낸다. 매년 2월과 12월은 근심이 많으니 주의하여야 한다.
3월	삼월에 출생한 사람은 성질이 정직하고 너그러우니 윗사람과 여러 사람들에게 신용과 인심을 얻어 출세도 하고 성공도 한다. 다만 화려한 생활을 즐겨 낭비가 심한 탓으로 많은 재산을 없애고 곤궁에 빠질 우려가 있으니 너무 편한 생활과 사치성을 버리고 검소하게 살면 더욱 발전한다. 운세를 말할진대 마치 초목이 봄을 만나 싹이 트기 시작하는 형상이다. 그러므로 나쁘고 막히는 운이 다 끝나고 길운을 맞이하였으니 자신은 물론 선조까지 빛낸다. 초년 후는 고생이 끝나가고 중년부터 점점 서광이 비쳐오기 시작하여 40세가 지나면 만사가 안되는 일이 없다. 30세와 40세 그리고 매년 6월을 조심하라.
4월	사월에 출생한 사람은 성품이 유순하고 마음이 약하다. 과단성과 용기가 부족함으로 큰 일은 성취하기 어려우나 인심이 후하고 교제가 능하여 사방에 친구와 도와주는 사람이 많다. 이성을 탐하여 이성 때문에 간간 손해를 보는가 하면 또는 일확천금을 꿈꾸어 과욕한 일을 경영하다가 실패를 당하기도 한다. 사월생은 결코 운세가 나쁘지는 않다. 분수를 알아서 허욕을 부리지 말고 이성을 주의할 것이며 굳은 마음으로 끈기 있게 밀고 나가면 상당한 발전을 하여 행복하게 살 것이다. 30세 이후로 점차 운이 열려 45세를 지나면 태평하다. 28세와 4월은 흉하니 조심하라.
5월	오월에 출생한 사람은 성품이 온화하고 어질고 의협심이 많다. 남의 불쌍한 것을 보면 측은한 마음이 우러나 도와주기를 즐겨한다. 그러므로 남의 일 때문에 내 몸을 돌아보지 못하는 수가 많아서 엉뚱한 괴로움을 당하기도 한다. 만일 일찍부터 학업을 닦는데 노력하였으면 학자가 되고 공명에 힘을 쓰면 출세한다. 남의 우두머리가 될지언정 남의 밑에 들어 그 아랫사람 노릇은 하지 못한다. 과욕한 일을 경영하지 마라. 다른 일까지 크게 그르친다. 운수는 좋은 편이니 매사에 진실함과 안전성 있는 일만 골라 착수하면 상당한 발전이 기대된다. 38부터 점차 길운이 들어 53세에 이르면 자손 재물 직장 사업 가정 등 만사에 근심이 없어진다. 매년 4월은 조심하라.
6월	유월에 출생한 사람은 상냥하고 애교가 있고 영리하며 지혜와 재치가 뛰어나니 교묘한 재간을 지니고 있다. 또는 결단성이 있어 무슨 일이든지 끊고 맺음이 분명하여 사람들로부터 신망을 얻는다. 다만 급한 성질과 허탄한 뜻이 있어 일을 고려해볼 겨를이 없이 무턱대고 착수하였다가 실패를 당하는 경우도 적지 않으므로 허탄한 마음과 급한 성격 이 두 가지만 주의하면 대길하다. 부모 조상에게서 물려받은 업은 어렵고 일단 실패한 뒤에 가업을 중흥시키는 운이다. 무슨 일에나 자신이 직접 나서지 말고 유능한 사람을 시켜 간접적으로 처리하도록 하면 성공이 빠를 것이다. 31세부터 운이 열려 점자 발전한다. 36세 되는 해와 매년 3월을 조심하라.

7월~12월 출 생 월(음력) 운 세

7월
칠월에 출생한 사람은 일에 꼼꼼하고 치밀하여 물샐 틈이 없으나 이기적이고 독선적이어서 욕심 때문에 손해 보는 일이 많다. 자기 마음 내키는대로 해나가므로 남에게 귀염을 받지 못하는 경향이 있다. 남의 입장을 이해하는데 힘쓰고 가급적 남의 의사를 존중하면 인복이 많을 것이다. 또는 놀기를 좋아하여 근면성이 부족하고 몸을 무척 아끼는데 그것보다도 이성 교제가 많아 이로 인하여 가정불화에 풍파가 자주 일어나니 이를 삼가면 일생 큰 액은 없다. 28세에 좋은 사업과 가정을 세우지 못하면 기회를 잃고 42세는 액년이니 주의하고 매년 정월은 흉하니 조심하라.

8월
팔월에 출생한 사람은 성질이 완고하고 융통성이 부족하다. 애당초 부유한 가정에 출생하였거나 이끌어주는 친지가 있어 일찍 좋은 관직을 얻었으면 무방하지만 그렇지 아니하고 빈천한 신분이면 살아나가기가 매우 힘들다. 즉 남의 좋은 의견이나 충고를 받아들이지 않아 사회대중과 융합되지 못하고 고립되기 때문이다. 그러나 믿는 재주가 있으므로 한번 자기가 하고자 하는 일은 어떤 어려움이 있어도 기어코 해내고야 마는 장점도 있다. 조업은 지키기 어렵고 중년에 고생이 많으나 35세를 지내면 차츰 좋아지기 시작하여 말년에 안락한 세월을 보낸다. 매년 5월은 흉하니 조심하라.

9월
구월에 출생한 사람은 성질이 원만하고 착실하며 조그마한 재주도 있다. 관직 생활을 하면 안정된 삶을 누리지만 그렇지 아니하고 사업 등에 손을 대면 경영하는 수단이 없어 헛된 노력과 자금만 허비할 뿐이다. 초년에 고생 없이 사치스럽게 자란 사람이 많아 중년부터는 고생이 따른다. 즉 25세부터 33세까지는 손재수와 질병으로 고생하거나 한차례 관액을 겪는다. 그러나 금전의 인연이 있어 우연한 돈이 생기며 일생을 통하여 심한 궁색은 없다. 말년이 다가갈수록 다시 트이고 39세는 운이 대통한다. 매년 생일달인 9월은 흉하니 조심하라.

10월
시월에 출생한 사람은 성질이 강하고 승벽심 질투심이 많아 남에게 뒤지기를 싫어하고 자기가 좋아하는 일이면 남의 비난 따위를 불구하고 감행한다. 비교적 인색하고 짠 편이므로 남에게 좋은 평은 듣지 못한다. 명예를 좋아하고 권위의식도 강하여 없어도 있는체 몰라도 아는체 실속없는 허세도 잘 부린다. 자기가 살아가기 위한 생활신조가 강하여 끊임없이 노력함으로서 생활이 안정을 이룩하는데 운도 나쁘지는 않은 편이다. 위에 지적한 결점만 고쳐 처세하면 사회적인 신망을 얻어 상당히 발전한다. 40세가 지난 뒤에는 별로 실패가 없으니 40이 되는 해와 매년 3월을 조심하라.

11월
동지달에 출생한 사람은 재주가 뛰어나고 남보다 먼저 알아보는 민첩성이 있으므로 사람들의 칭찬을 듣게 되나 본시 성질이 급하고 참을성이 부족한데다가 편협하고 잘나서 좋은 기회를 놓친다. 남의 일에 더 성의를 부려 가정사를 돌아보지 않는 경향이 있으므로 가정불화가 생길 염려가 있으니 이 점만 주의하면 가정은 화목하다. 초년은 무슨 일이 시원하게 되어가지는 않아도 별 근심은 없고 중년이 되어서는 한 번 신고를 겪은 후 말년이 되면 대길하다. 38세부터 운이 열리니 열심히 활동하면 대성한다. 의식주에는 근심이 없다. 매년 4월과 11월을 주의하라.

12월
섣달에 출생한 사람은 성품이 정직하고 고지식하며 간사한 마음이 없으나 남을 비판하는데 능하고 까다롭고 번화한 것을 싫어하며 스스로 고독을 자초한다. 지나치게 생각이 깊고 조심성이 많아 아니할 걱정까지 공연히 하는 수도 많다. 심지어는 남의 일까지도 항상 근심하여 이해관계 없는 일을 동정하느라고 생각지 않은 지출도 많이 한다. 또는 이성을 탐하여 이성교제로 인하여 많은 돈을 낭비한다. 이 두 가지만 주의하면 반드시 착실히 재산을 모아 부자가 되며 혹은 명성을 크게 떨친다. 12세와 46세를 조심하고 매년 6월과 12월을 주의하면 유복하다.

출 생 일 (음력) 운 세

1, 7, 13, 19, 25일	이 날에 출생한 사람은 어려운 가운데에도 금전의 구애는 받지 아니하고 귀인의 도움이 있다. 초년은 평탄히 지내며, 19세와 25세는 일신에 영화가 있고, 남녀를 막론하고 항상 애로사항을 극복하여 결국 복을 누리며 양친과의 인연도 있다.
2, 8, 14, 20, 26일	이 날에 출생한 사람은 학업을 닦으면 지식이 만인을 누르고 그 그릇이 크다. 부모와의 인연이 적어 초년에 고생이 많은데 일찍 부모 곁을 떠나가 타관에서 풍상을 겪는 수가 많으며 중년 후에는 운이 열린다. 인덕이 없는 것이 한이다. 21세와 33세가 길운이니 남녀 간 귀인을 만나거나 귀히 된다.
3, 9, 15, 21, 27일	이 날에 출생한 사람은 가정이 화목하고 식복도 있다. 부부간에 혹 이별수가 있으나 재복은 있어서 재산을 날리지는 않는다. 초년에 고생하다가 차츰 좋아져서 말년에 이르면 부귀한다. 특히 40세와 45세가 일생중 운이 열리는 운이니 이 때를 놓치지 마라.
4, 10, 16, 22, 28일	이 날에 출생한 사람은 학문은 즐겨하나 깨달음이 둔하여 대사무직의 길을 밟는것 보다 기술계통을 전공하였으면 크게 성공한다. 운수도 나쁘지 않으므로 금전상의 궁핍은 면한다. 조업은 지키기 어려운 운이니 30세 전·후에 재산을 크게 탕진하고 37세부터 다시 모이기 시작한다.
5, 11, 17, 23, 29일	이 날에 출생한 사람은 결단성이 있어 열심히 노력하면 학문·관직·사업·기술자 등 어느 방면으로 나가도 성공한다. 친척과의 관심이 적은데 금전에는 궁색함이 없다. 24세와 36세는 뜻밖에 재물이 들어오고 아니면 관직이 영전되거나 남녀간 경사가 있다.
6, 12, 18, 24, 30일	이 날에 출생한 사람은 지혜와 재주가 있다. 사업을 시작하면 목적을 달성할 것이며, 성질이 강직하고 용맹하여 사물에도 밝다. 운이 길하여 초년부터 말년에 이르기까지 심한 고생이 없고, 특히 38세 이후는 운이 대통하여 입신양명한다.

오 방 기(五方旗) 점

[동서남북, 중앙을 오방이라고 한다. 오방신장님대를 잡아서 나오는 점풀이]

청색기
갑을 인묘 동방 청제 신장님이 동하여서 호랑이·토끼날에 재물손실 단속할 것. 뱀날·말날에 화재수 구설수 조심할 것. 용·개·소·양(辰, 戌, 丑, 未) 날에 금전을 얻을 수 있다.
원숭이·닭날은 몸을 다칠 수이니 기계 조심, 돼지·쥐날은 문서를 얻을 수이다.
행운의 숫자 1, 6 나쁜 숫자 4, 9

빨강기
병정 사오 남방 적제 신장님이 동하여서 뱀·말날에 도둑 당할 수이니 지갑, 도장, 카드 분실수 조심할 것. 용·뱀·소·양날에 남의 말에 속지 말고 손해 보는 날이니 약속을 하지 말 것. 원숭이·닭날에 재물이 생길 수이며 돼지·쥐날은 관재구설이 있으니 북쪽에 출입하지 말 것.
행운의 수 3, 8 나쁜 수 1, 6

황색기
무기 진술 축미 중앙 황제 신장님이 동하여서 실물수가 있어 용·개·소·양날에 돈거래를 하지 말 것. 돼지·쥐날에 북쪽에서 재물을 얻는다. 호랑이·토끼날에 관재수가 있다.
뱀·말날에는 문서의 기쁨이 있다.
행운의 수 2, 7 나쁜 수 3, 8

백색기
경신 신유 서방 백제신이 동하여서 일마다 막히게 되니 부뚜막 조왕신께 빌고 촛불을 20일을 켜고 벌면 관재수와 나쁜 액이 사라진다.
용·개·소·양날에 문서의 기쁨이 있다.
행운 수 5, 10 나쁜 수 2, 7

흑색기 (남색기)
임계 해자 북방 흑제신이 동하여서 뱀 · 말날에 재물이 생길 수이다.
원숭이·닭날에 문서의 기쁨이 있고 용·개·소·양날에 문서의 손해와 관재, 질병을 얻을 수이다.
용왕전에 기도하면 이 액을 면한다.
행운 수 4, 9 나쁜 수 5, 10

(지면상 내용을 간략하게 설명하니 신령님, 영과 접목하여서 풀어야 함.)

기도일 조견표

첫째 단

길일 \ 일진	갑자	을축	병인	정묘	무진	기사	경오	신미	임신	계유	갑술	을해	병자	정축	무인	기묘	경진	신사	임오	계미
불공대통일	불	불	불	✕			불				불	✕		불						
불공길일	불	불	불	✕			불	불	불	불	불	✕		불	불			불	불	불
나한하강일	나	나							나	나										
칠성하강일								칠	칠	칠	칠	칠								
산신하강일	산	산			산	산					산	산				산	산			
산신제길일	제					제						제	제							
조왕하강일	조	조		조				조	조	조							조			
조왕제길일				제				제	제					제	제					
조왕상천일		상																		
기복일										복		복	복	복					복	복

둘째 단

길일 \ 일진	갑신	을유	병술	정해	무자	기축	경인	신묘	임진	계사	갑오	을미	병신	정유	무술	기해	경자	신축	임인	계묘
불공대통일		불		불	불				✕		불		불							
불공길일									✕		불		불			불		불		
나한하강일	나					나		나		나					나		나			나
칠성하강일					칠	칠	칠								칠	칠				
산신하강일				산				산			산	산							산	산
산신제길일	제	제	제					제												
조왕하강일		조	조		조						조	조						조		
조왕제길일	제	제		제		제								제						제
조왕상천일		상										상								
기복일				복		복		복	복		복	복	복						복	복

셋째 단

길일 \ 일진	갑진	을사	병오	정미	무신	기유	경술	신해	임자	계축	갑인	을묘	병진	정사	무오	기미	경신	신유	임술	계해
불공대통일		✕		불						불	✕	불						불		
불공길일		✕				불	불		불	불	✕		불		불					
나한하강일			나		나			나	나		나	나	나				나	나		
칠성하강일	칠	칠		칠	칠	칠										칠	칠	칠		
산신하강일				산		산	산	산			산	산								
산신제길일						제						제								
조왕하강일	조							조		조									조	
조왕제길일	제		제		제		제			제								제		제
조왕상천일				상																
기복일	복			복			복				복	복		복					복	복

불공대통일 = 소원개득 백사형통
불공길일 = 칠성하강일 = 자손번창 부귀장수
나한하강일 = 가내편안 백사대길
칠성하강일 = 소원성취 사업흥왕
산신하강일 = 소원성취 백사대통
산신제길일 = 조왕상천일 = 소월달성 가내안녕
조왕하강일 = 가내편안 만사성취
조왕제길일 = 우환소멸 가내태평
조왕상천일 = 소월달성 가내안녕
기복일 = 사업번창 부귀안녕

◇ 불공못하는 날 ◇
▲ 을묘일 = 교통난화주망
▲ 임진일 = 스승망
▲ 을해일 = 실물·도난
▲ 병오일 = 주인망
▲ 정묘일 = 입지옥

생기복덕표 (生氣福德表)

남녀별 연령을 찾아 생기·복덕·천의 등 길일을 택하라

남자(男子) 구분 / 연령	생기	천의	절체	유혼	화해	복덕	절명	귀혼
1 8 16 24 32 40 48 56 64 72	묘	유	자	미신	축인	진사	술해	오
9 17 25 33 41 49 57 65 73	축인	진사	술해	오	묘	유	자	미신
2 10 18 26 34 42 50 58 66 74	술해	오	축인	진사	자	미신	묘	유
3 11 19 27 35 43 51 59 67 75	유	묘	미신	자	진사	축인	오	술해
4 12 20 28 36 44 52 60 68 76	진사	축인	오	술해	유	묘	미신	자
5 13 21 29 37 45 53 61 69 77	미신	자	유	묘	오	술해	진사	축인
6 14 22 30 38 46 54 62 70 78	오	술해	진사	축인	미신	자	유	묘
7 15 23 31 39 47 55 63 71 79	자	미신	묘	유	술해	오	축인	진사

여자(女子) 구분 / 연령	생기	천의	절체	유혼	화해	복덕	절명	귀혼
1 8 16 24 32 40 48 56 64 72	진사	축인	오	술해	유	묘	미신	자
2 9 17 25 33 41 49 57 65 73	유	묘	미신	자	진사	축인	오	술해
3 10 18 26 34 42 50 58 66 74	술해	오	축인	진사	자	미신	묘	유
4 11 19 27 35 43 51 59 67 75	축인	진사	술해	오	묘	유	자	미신
5 12 20 28 36 44 52 60 68 76	묘	유	자	미신	축인	진사	술해	오
6 13 21 29 37 45 53 61 69 77	자	미신	묘	유	술해	오	축인	진사
7 14 22 30 38 46 54 62 70 78	오	술해	진사	축인	미신	자	유	묘
15 23 31 39 47 55 63 71 79	미신	자	유	묘	오	술해	진사	축인

① 생기일(生氣日) = 대길하니 사용하라
② 천의일(天宜日) = 대길하니 사용하라
③ 절체일(絶體日) = 길하지도 흉하지도 않다 (사용가능)
④ 유혼일(游魂日) = 길하지도 흉하지도 않다 (사용가능)
⑤ 화해일(禍害日) = 대흉하니 사용치마라
⑥ 절명일(絶命日) = 대흉하니 사용치마라
⑦ 복덕일(福德日) = 대길하니 사용하라
⑧ 귀혼일(歸魂日) = 소흉이니 부득이한 경우에 사용하라

이사방위표 (移徙方位表)

남녀별 연령을 찾아 방위의 길흉을 살피라 ("중"은 현재 거주의 위치)

남자연령 보는곳 (男子)

구분 / 연령					천록	안손	식신	증파	오귀	합식	진귀	관인	퇴식
1 46	10 55	19 64	28 73	37 82	※동	동남	중	서북	서	동북	남	북	서남
2 47	11 56	20 65	29 74	38 83	서남	동	※동남	중	서북	서	동북	남	북
3 48	12 57	21 66	30 75	39 84	북	서남	동	동남	중	서북	서	동북	남
4 49	13 58	22 67	31 76	40 85	남	북	서남	동	동남	중	※서북	서	동북
5 50	14 59	23 68	32 77	41 86	동북	남	북	서남	동	동남	중	서북	※서
6 51	15 60	24 69	33 78	42 87	서	※동북	남	북	서남	동	동남	중	서북
7 52	16 61	25 70	34 79	43 88	서북	서	동북	※남	북	서남	동	동남	중
8 53	17 62	26 71	35 80	44 89	중	서북	서	동북	남	※북	서남	동	동남
9 54	18 63	27 72	36 81	45 90	동남	중	서북	서	동북	남	북	※서남	동

여자연령 보는곳 (女子)

구분 / 연령					천록	안손	식신	증파	오귀	합식	진귀	관인	퇴식
1 46	10 55	19 64	28 73	37 82	동남	중	서북	서	동북	남	북	※서남	동
2 47	11 56	20 65	29 74	38 83	※동	동남	중	서북	동북	남	북	서남
3 48	12 57	21 66	30 75	39 84	서남	동	※동남	중	서북	서	동북	남	북
4 49	13 58	22 67	31 76	40 85	북	서남	동	동남	중	서북	서	동북	남
5 50	14 59	23 68	32 77	41 86	남	북	서남	동	동남	중	※서북	서	동북
6 51	15 60	24 69	33 78	42 87	동북	남	북	서남	동	동남	중	서북	서
7 52	16 61	25 70	34 79	43 88	서	※동북	남	북	서남	동	동남	중	서북
8 53	17 62	26 71	35 80	44 89	서북	서	동북	※남	북	서남	동	동남	중
9 54	18 63	27 72	36 81	45 90	중	서북	서	동북	남	※북	서남	동	동남

- 오귀방(五鬼方) = 질병과 상서롭지 못한 일이 생긴다
- 증파방(甑破方) = 손재수 있고 사업이 부진하다
- 식신방(食神方) = 재수가 좋고 사업이 흥왕한다
- 안손방(眼損方) = 안질과 손재수가 이른다
- 천록방(天祿方) = 관록과 식록이 이른다
- 퇴식방(退食方) = 재산이 점차 줄어든다
- 관인방(官印方) = 관직을 얻거나 관직이 영전된다
- 진귀방(進鬼方) = 질병과 손재가 이른다
- 합식방(合食方) = 재물이 늘고 만사 대길하다

※ 몸진방 = 길신이 들어도 이사가면 사고발생 등 불길하다 오귀방 반대쪽에 드는 이사대흉방으로서 불길하다

시간조견표(時間早見表)

시간 (원) 일간	자시 후11시 전 1시	축시 1시 3시	인시 3시 5시	묘시 5시 7시	진시 7시 9시	사시 9시 11시	오시 11시 후 1시	미시 1시 3시	신시 3시 5시	유시 5시 7시	술시 7시 9시	해시 9시 11시
갑일	갑자	을축	병인	정묘	무진	기사	경오	신미	임신	계유	갑술	을해
을일	병자	정축	무인	기묘	경진	신사	임오	계미	갑신	을유	병술	정해
병일	무자	기축	경인	신묘	임진	계사	갑오	을미	병신	정유	무술	기해
정일	경자	신축	임인	계묘	갑진	을사	병오	정미	무신	기유	경술	신해
무일	임자	계축	갑인	을묘	병진	정사	무오	기미	경신	신유	임술	계해
기일	갑자	을축	병인	정묘	무진	기사	경오	신미	임신	계유	갑술	을해
경일	병자	정축	무인	기묘	경진	신사	임오	계미	갑신	을유	병술	정해
신일	무자	기축	경인	신묘	인진	계사	갑오	을미	병신	정유	무술	기해
임일	경자	신축	임인	계묘	갑진	을사	병오	정미	무신	기유	경술	신해
계일	임자	계축	갑인	을묘	병진	정사	무오	기미	경신	신유	임술	계해

낮밤	현재 한국 적용 시간		지지
아침	오전 5시30분~오전 7시30분	육경(六更)	묘(卯)시
	오전 7시30분~오전 9시30분	칠경(七更)	진(辰)시
	오전 9시30분~오전 11시30분	팔경(八更)	사(巳)시
한낮	오전 11시30분~오후 1시30분	구경(九更)	오(午)시
	오후 1시30분~오후 3시30분	십경(十更)	미(未)시
저녁	오후 3시30분~오후 5시30분	십일경(十一更)	신(申)시
	오후 5시30분~오후 7시30분	십이경(十二更)	유(酉)시
밤	오후 7시30분~오후 9시30분	초경(初更)	술(戌)시
	오후 9시30분~오후 11시30분	이경(二更)	해(亥)시
한밤	오후 11시30분~오전 1시30분	삼경(三更)	자(子)시
	오전 1시30분~오전 3시30분	사경(四更)	축(丑)시
새벽	오전 3시30분~오전 5시30분	오경(五更)	인(寅)시

손있는날 보는법(太白殺)

방위	정동	동남	정남	서남	정서	서북	정북	동북	중앙·하늘
날짜	1일	2일	3일	4일	5일	6일	7일	8일	9일,10일
	11일	12일	13일	14일	15일	16일	17일	18일	19일,20일
	21일	22일	23일	24일	25일	26일	27일	28일	29일, 30일

해설 = 음력기준으로 보며 1일은 정동쪽에 손이 있으므로, 이사, 동토, 집수리 등을 꺼린다. 9일, 10일, 19일, 20일, 29일, 30일은 손이 중앙·하늘로 올라가서 지상팔방위에는 손이 없으므로 이사, 가옥수리 등을 한다 주로 일반인들이 부담 없이 사용한다.

월주조견표(月柱早見表)

월표 년표	1월 입춘	2월 경칩	3월 청명	4월 입하	5월 망종	6월 소서	7월 입추	8월 백로	9월 한로	10월 입동	11월 대설	12월 소한
갑(甲)년	병인	정묘	무진	기사	경오	신미	임신	계유	갑술	을해	병자	정축
을(乙)년	무인	기묘	경진	신사	임오	계미	갑신	을유	병술	정해	무자	기축
병(丙)년	경인	신묘	임진	계사	갑오	을미	병신	정유	무술	기해	경자	신축
정(丁)년	임인	계묘	갑진	을사	병오	정미	무신	기유	경술	신해	임자	계축
무(戊)년	갑인	을묘	병진	정사	무오	기미	경신	신유	임술	계해	갑자	을축
기(己)년	병인	정묘	무진	기사	경오	신미	임신	계유	갑술	을해	병자	정축
경(庚)년	무인	기묘	경진	신사	임오	계미	갑신	을유	병술	정해	무자	기축
신(辛)년	경인	신묘	임진	계사	갑오	을미	병신	정유	무술	기해	경자	신축
임(壬)년	임인	계묘	갑진	을사	병오	정미	무신	기유	경술	신해	임자	계축
계(癸)년	갑인	을묘	병진	정사	무오	기미	경신	신유	임술	계해	갑자	을축

보는 법 예 = 서기 2009년은 기(己)년이다. 위 도표에서 기년에 1월은 병인월, 2월은 정묘월, 3월은 무진월이라고 되어 있다.

십이신살표(十二神殺表)

시간 (원)	일지	자(子) 천귀성	축(丑) 천액성	인(寅) 천권성	묘(卯) 천파성	진(辰) 천간성	사(巳) 천문성	오(午) 천복성	미(未) 천역성	신(申) 천고성	유(酉) 천인성	술(戌) 천예성	해(亥) 천수성
자시	후11시 전 1시	장성살	육해	재살	년살	장성	육해	재살	년살	장성	육해	재살	년살
축시	1시 3시	반안살	화개	천살	월살	반안	화개	천살	월살	반안	화개	천살	월살
인시	3시 5시	역마살	겁살	지살	망신	역마	겁살	지살	망신	역마	겁살	지살	망신
묘시	5시 7시	육해살	재살	년살	장성	육해	재살	년살	장성	육해	재살	년살	장성
진시	7시 9시	화개살	천살	월살	반안	화개	천살	월살	반안	화개	천살	월살	반안
사시	9시 11시	겁살	지살	망신	역마	겁살	지살	망신	역마	겁살	지살	망신	역마
오시	11시 후1시	재살	년살	장성	육해	재살	년살	장성	육해	재살	년살	장성	육해
미시	1시 3시	천살	월살	반안	화개	천살	월살	반안	화개	천살	월살	반안	화개
신시	3시 5시	지살	망신	역마	겁살	지살	망신	역마	겁살	지살	망신	역마	겁살
유시	5시 7시	도화살	장성	육해	재살	년살	장성	육해	재살	년살	장성	육해	재살
술시	7시 9시	월살	반안	화개	천살	월살	반안	화개	천살	월살	반안	화개	천살
해시	9시 11시	망신살	역마	겁살	지살	망신	역마	겁살	지살	망신	역마	겁살	지살

겁살	절 손해보는 운명	허가 없이 지은 건물	主動* 영웅살
재살	태 수옥살, 납치, 감금	나쁜 사람이 노리는 곳	백호살
천살	양 천재지변	종교방향	군왕, 장자방모사
지살	생 이동, 답사	문화시설 두는 곳	임금의 수레
년살	욕 색정지난	청소함 두는 곳	도화살
월살	대 몸이 마른다	침대, 이불 두는 곳	경계선
망신살	관 구설수 따름	목욕탕 창고	격전지, 임금의 친척
장성살	왕 출세하는 별	부엌, 보일러 설치자리	내무장관
반안살	쇠 높은데 오름	금고 옷 걸어두는 곳	금가마
역마살	병 이동, 변경 원행	정기간행물 두는 곳	모든 통신문
육해살	사 육친덕이 없다	작은 문, 하수구자리	수문장
화개살	묘 예술, 종교	사찰, 성당, 예술품	고문관 박사

삼 재 출 입 법

해 년 생	들어오는해	묵 는 해	나가는 해
신 자 진 생 (원숭이·쥐·용)	인 년 (범)	묘 년 (토끼)	진 년 (용)
인 오 술 생 (범·말·개)	신 년 (원숭이)	유 년 (닭)	술 년 (개)
해 묘 미 생 (돼지·토끼·양)	사 년 (뱀)	오 년 (말)	미 년 (양)
사 유 축 생 (뱀·닭·소)	해 년 (돼지)	자 년 (쥐)	축 년 (소)

삼 살 방

인오술년	해자축	북 방
사유축년	인묘진	동 방
신자진년	사오미	남 방
해묘미년	신유술	서 방

대 장 군 방

해자축년	유 방	서 방
인묘진년	자 방	북 방
사오미년	묘 방	동 방
신유술년	오 방	남 방

12 지 (원)시 간

자(子)시는 오후 11시~오전 1시
축(丑)시는 오전 1시~`오전 3시
인(寅)시는 오전 3시~오전 5시
묘(卯)시는 오전 5시~오전 7시
진(辰)시는 오전 7시~오전 9시
사(巳)시는 오전 9시~오전 11시
오(午)시는 오전 11시~오후 1시
미(未)시는 오후 1시~오후 3시
신(申)시는 오후 3시~오후 5시
유(酉)시는 오후 5시~오후 7시
술(戌)시는 오후 7시~오후 9시
해(亥)시는 오후 9시~오후 11시

상 충 살

쥐 (子)띠생과　　말 (午)띠생
소 (丑)띠생과　　양 (未)띠생
범 (寅)띠생과　원숭이(申)띠생
토끼(卯)띠생과　　닭 (酉)띠생
용 (辰)띠생과　　개 (戌)띠생
뱀 (巳)띠생과　돼지 (亥)띠생

원 진 살

쥐 (子)띠생과　　양 (未)띠생
소 (丑)띠생과　　말 (午)띠생
범 (寅)띠생과　　닭 (酉)띠생
토끼(卯)띠생과　원숭이(申)띠생
용 (辰)띠생과　돼지 (亥)띠생
뱀 (巳)띠생과　　개 (戌)띠생

상문방	자년	축년	인년	묘년	진년	사년	오년	미년	신년	유년	술년	해년
	인방	묘방	진방	사방	오방	미방	신방	유방	술방	해방	자방	축방

성 조 운 (成 造 運) 집 짓는 운 길흉보기

집을 지을 수 있는지 없는지를 알아보는 법을 성조운이라 한다. 이 법은 집주인 될 사람의 나이로 운을 보는 것이다. 이 법은 본디 금루사각법이라 하는데 이를 보기 쉽게 풀어 만든 것이다.
〈보기〉「축사불리」는 가축축사가 아닌 다른 건물 짓는 데는 무방하다.
　　　　「부모불리」및 「처자불리」해당가족이 없는 경우에만 집을 지어도 무방하다.

19세 처자불리	34세 축사불리	49세 ○ 길	64세 처자불리	79세 ○ 길
20세 ○ 길	35세 ● 대흉	50세 ● 대흉	65세 ● 대흉	80세 축사불리
21세 부모불리	36세 ○ 길	51세 ● 대흉	66세 ○ 길	81세 ○ 길
22세 ○ 길	37세 처자불리	52세 ○ 길	67세 부모불리	82세 처자불리
23세 ● 대흉	38세 ○ 길	53세 축사불리	68세 ○ 길	83세 ○ 길
24세 ○ 길	39세 부모불리	54세 ○ 길	69세 ● 대흉	84세 부모불리
25세 ● 대흉	40세 ○ 길	55세 ● 대흉	70세 ○ 길	85세 ● 대흉
26세 축사불리	41세 ● 대흉	56세 처자불리	71세 축사불리	86세 ○ 길
27세 ○ 길	42세 ○ 길	57세 ○ 길	72세 ○ 길	87세 ● 대흉
28세 처자불리	43세 축사불리	58세 부모불리	73세 처자불리	88세 ○ 길
29세 ○ 길	44세 ○ 길	59세 ○ 길	74세 ○ 길	89세 축사불리
30세 부모불리	45세 ● 대흉	60세 ● 대흉	75세 ● 대흉	90세 ○ 길
31세 ○ 길	46세 처자불리	61세 ○ 길	76세 부모불리	
32세 ● 대흉	47세 ○ 길	62세 축사불리	77세 ○ 길	
33세 ○ 길	48세 부모불리	63세 ○ 길	78세 ● 대흉	

길 시 정 법(吉 時 定 法) 황흑도 길흉영정국

이 황도는 능히 흉살을 제화하는 길신으로서 혼인·이사수리·안장 등 모든 행사에 대길하다. 이 황도는 월에서 일진을 찾고 일에서 시간을 보는 것이다. 모든 행사에 길시를 잡으려면 황도시를 사용함이 좋다.
※ 가령 정월(인월)이나 7월(신월)의 황도일은 자·축·진·사·미·술일이 해당일이다. 또 인일(범날) 신일(원숭이날)의 황도시는 자·축·진·사·미·술시가 해당시이다.

황도·흑도 \ 월별·일별	정월 7월 ‥ 인신일일	2월 8월 ‥ 묘유일일	3월 9월 ‥ 진술일일	4월 10월 ‥ 사해일일	5월 11월 ‥ 오자일일	6월 12월 ‥ 미축일일
○ 청 용(靑 龍) 황 도	자	인	진	오	신	술
○ 명 당(明 堂) 황 도	축	묘	사	미	유	해
● 천 형(天 刑) 흑 도	인	진	오	신	술	자
● 주 작(朱 雀) 흑 도	묘	사	미	유	해	축
○ 금 궤(金 匱) 황 도	진	오	신	술	자	인
○ 천 덕(天 德) 황 도	사	미	유	해	축	묘
● 백 호(白 虎) 흑 도	오	신	술	자	인	진
○ 옥 당(玉 堂) 황 도	미	유	해	축	묘	사
● 천 노(天 牢) 흑 도	신	술	자	인	진	오
● 현 무(玄 武) 흑 도	유	해	축	묘	사	미
○ 사 명(司 命) 황 도	술	자	인	진	오	신
● 구 진(勾 陳) 흑 도	해	축	묘	사	미	유

역 술 일 람 표

지지	자	축	인	묘	진	사	오	미	신	유	술	해
띠	쥐	소	호랑이	토끼	용	뱀	말	양	원숭이	닭	개	돼지
오행	수	토	목	목	토	화	화	토	금	금	토	수
12성	천귀	천액	천권	천파	천간	천문	천복	천역	천고	천인	천예	천수
음양	양	음	양	음	양	음	양	음	양	음	양	음
시간	오후11시부터 오전1시까지	1시부터 3시까지	3시부터 5시까지	5시부터 7시까지	7시부터 9시까지	9시부터 11시까지	오전11시부터 오후1시까지	1시부터 3시까지	3시부터 5시까지	5시부터 7시까지	7시부터 9시까지	9시부터 11시까지
월	11월	12월	1월	2월	3월	4월	5월	6월	7월	8월	9월	10월
색	흑색	황색	청색	청색	황색	적색	적색	황색	흰색	흰색	황색	흑색
방위	정북	동북	동북	정동	동남	동남	정남	서남	서남	정서	서북	서북
오장	신장자궁	위장	담간	담간	위장	소장	심장	비장	대장	폐장	비장	방광
삼형살		축술미	인사신		인사신		축술미	인사신		축술미		
삽합	신자진	사유축	인오술	해묘미	신자진	사유축	인오술	해묘미	신자진	사유축	인오술	해묘미
상충	자오	축미	인신	묘유	진술	사해	자오	축미	인신	묘유	진술	사해
육수	현무	구진	청용	청용	구진	등사	등사	구진	백호	백호	구진	현무
선천수	9	8	7	6	5	4	9	8	7	6	5	4
후천수	1	10	3	8	5	2	7	10	9	4	5	6

혼인살 (婚姻殺)

남녀 생월 불혼살(不婚殺)

불혼법은 출생한 달을 서로 대조해서 궁합을 보는데, 불혼살에 해당되면 부부가 이별하고 자손이 없거나, 가난하거나 병액이 침범하는 등 온갖 풍파가 일어나서 불행하게 된다. 그러나 불혼살에는 여러 종류가 있으니 다른 살법을 참고해야 한다.

가취 멸문법

(불혼살 1)

여자 정월생과 9월생 남자   여자 6월생과 12월생 남자
여자 2월생과 8월생 남자   여자 7월생과 3월생 남자
여자 3월생과 5월생 남자   여자 8월생과 10월생 남자
여자 4월생과 6월생 남자   여자 9월생과 4월생 남자
여자 5월생과 정월생 남자   여자 10월생과 11월생 남자

(불혼살 2)   (불혼살 2)

정월생 남자와 6월생 여자는 불혼함   7월생 남자와 11월생 여자는 불혼함
2월생 남자와 3월생 여자는 불혼함   8월생 남자와 12월생 여자는 불혼함
3월생 남자와 9월생 여자는 불혼함   9월생 남자와 10월생 여자는 불혼함
4월생 남자와 5·10월생 여자는 불혼함   10월생 남자와 5·7월생 여자는 불혼함
5월생 남자와 8월생 여자는 불혼함   11월생 남자와 2월생 여자는 불혼함
6월생 남자와 정·7월생 여자는 불혼함   12월생 남자와 5월생 여자는 불혼함

▷ 길한 상생달 남녀 불문함(원초생인은 절기입절을 주의할 것)
▷ 12월생과 정월생   ▷ 11월생과 2월생   ▷ 10월생과 3월생
▷ 9월생과 4월생   ▷ 8월생과 5월생   ▷ 7월생과 6월생

남녀 생월간 흉월해설

2 : 5월, 5 : 8월, 8 : 2월 서로 허장성세만 하므로 불화의 흉한 연이다.
정 : 10월, 10 : 7월, 7 : 정월 서로가 냉담하고 무정하므로 불화의 흉한 연이다.
12 : 3월 가장 흉조로서 부정, 불륜이 야기될 우려가 있다.
4 : 7월, 7 : 7월, 9 : 9월, 11 : 11월 서로 자기고집만을 주장하는 불화한 연이다.
정 : 7월, 2 : 8월, 3 : 9월 서로 자아를 과장해서
            4 : 10월, 5 : 11월, 6 : 12월 가장 풍파가 일어나기 쉬운 연이다.
12 : 9월, 6 : 3월, 8 : 5월 서로 항상 불평불만이 많으면서도
            2 : 11월, 4 : 정월, 10 : 7월 이별하지 못하는 연이다.
12 : 7월, 정 : 6월, 2 : 5월 서로간에 결점만을
            3 : 4월, 8 : 11월, 9 : 10월 꼬집어 말하는 부부연이다.

남녀궁합(男女宮合) 해설 ①

☆ 남금여금(男金女金) - 용이 물고기로 변한 격(龍變化魚)

쇠붙이와 쇠붙이끼리 부딪치면 소리가 나는 법. 남녀가 같은 금끼리는 좋지 못하다. 평생 동안 무익하며 함께 살지도 않으리라. 동산과 재물에도 자연손실됨이 많고 관재수와 재앙이 연이어 발생한다.

☆ 남금여목(男金女木) - 물고기 물을 잃은 격(遊魚失水)

금은 목을 극한다. 관재나 재난이 항상 따르고 집안이 화목하지 못할 것이다. 동산이나 재물이 없어지고 부부가 서로 이별하니 각각 공방수가 든다. 가벼워도 구설수가 분분하며 재물이 모이지 않으리라.

☆ 남금여수(男金女水) - 네말수레 짐을 얻은 격(駟馬得駄)

금생수로 상생하니 기쁘고 즐거움이 새로 더하리라. 겨울을 지난 초목이 모두 새봄을 맞이한 듯 가내가 화목하며 자손들이 효도하고 부부사랑은 자나깨나 처음 만났을 때를 잊지 못하는 형상이로다.

☆ 남금여화(男金女火) - 지친말에 무거운 짐을 실은 격(病馬重駄)

화극금으로 쇠붙이가 불을 만나 자연 녹아서 없어지니 부부간 역시 물에 들어간 불과 같도다. 금전·재산을 많이 두었어도 자연 흩어져 없어 지리라. 그러나 늦게 장수하기도 한다.

☆ 남금여토(男金女土) - 산이 토목을 얻은 격(山得土木)

토생금 상생하므로 보석으로 지은것 같은 높고 넓은 좋은 집에서 부부가 서로 화락하고 자손이 번성하리라. 창고마다 가득차고 명예도 부귀도 다누리니 무궁무진한 복을 누리리라.

☆ 남목여금(男木女金) - 누운 소가 풀을 진격(臥牛負草)

금극목이라 상극이므로 불길하여 부부간에 오랫동안 동거하지 못할 것이며 빈한함을 면치 못한다. 자손에 근심있고 재앙이 연이어 아침마다 울음소리가 그치지 않고 서로 이별하여 타향에서 죽을 것이다.

☆ 남목여목(男木女木) - 닭과 개를 잃은 격(主失鷄犬)

목과 목은 비화(比和)이나 동거하면 성패가 여러차례 있겠다. 부부가 말년에 질병 고통을 만난다. 먼저는 부귀였어도 나중은 가난하게 되며 재산과 자손은 가을 바람 앞에 나무잎 같도다.

☆ 남목여수(男木女水) - 새가 매로 변한 격(鳥變成鷹)

물과 나무가 서로 만나니 복이 창성하고 영화와 부귀를 오래도록 누리며 장수하겠으며 동산과 재산도 많이 쌓이고 부부간 금슬도 좋거니와 자손도 효성스러우며 일가친척이 모두 화목하게 지내리라.

남녀궁합(男女宮合) 해설 ②

☆ 남목여화(男木女火) - 여름에 부채를 만난 격(三夏逢扇)
목생화하니 부부가 평생 동락하며 함께 부귀를 누린다. 자손이 창성하여 잘 되어가고 재산이 늘어 부유해지며 착한 신명이 지켜주니 재앙이 물러간다. 부부가 모두 수명도 장수할 격이로다.

☆ 남목여토(男木女土) - 겨울이 닥쳐 옷을 짓는 격(入冬裁衣)
목극토로 부부가 동거하면 서로가 다친다고들 하지만 만약에 흙이 없으면 나무는 어디에다 뿌리를 내리리오. 한때 병들거나 하더라도 차츰 낫게 되고 식록이 자연히 다가오며 안전한 평생을 지낸다.

☆ 남수여금(男水女金) - 삼객이 동생을 만난 격(三客逢弟)
금생수로 상생하니 서로 뜻이 잘 맞아서 화락하며 부귀할 것이며 자손도 창성업도 또한 발전하며 부귀와 영화를 누리게 되며 많은 금은보화가 창고에서 차서 넘치는 격이다.

☆ 남수여목(男水女木) - 교룡이 큰 용으로 변한 격(蛟變爲龍)
수생목으로 상생하니 자손이 창성함이 나무가지에 잎이 무성한 것 같다. 서로 자라서 성공 발전하니 무성한 나무로 자라며, 부귀와 장수로 풍족한 세월을 보내어 오래도록 무궁무진한 평생이로다.

☆ 남수여수(男水女水) - 병든 말이 침을 만난 격(病馬逢針)
물과 물이 더하면 기쁜 일이 많아지며 지위가 높아지고 세상에 재물도 연달아 늘어난다. 부부금슬이 좋고 자손이 창성하며 낮이나 밤이나 즐거움이 날로 더욱 높아지리라.

☆ 남수여화(男水女火) - 꽃이 떨어지고 더위를 만난 격(花落逢暑)
수화는 상극이라 본시 흉하다. 그러므로 부부가 한방에서 동거하면 서로가 화목치 못한다. 그뿐만 아니라 자손도 불효하거나 일가친척이 화목치 못하여 자연 재액이 닥쳐서 애로가 많다.

☆ 남수여토(男水女土) - 만물이 서리를 만난 격(萬物逢霜)
수토는 상극이라 재액이 많을 것이며 아침마다 싸우니 재난 또한 많겠다. 아무리 창고에 재보가 가득 차 있다 해도 자연히 사라지고 먼저는 부유해도 나중에는 흩어져 빈한하게 된다.

☆ 남화여금(男火女金) - 용이 여의주를 잃은 격(龍失明珠)
화극금이니 불가운데 금이 들어가면 자연 녹아 버린다. 부부간이 서로 응할 줄 알면서 오랜 동안 불화하니 자손도 아주 희귀하고 재물을 많이 장만해도 화재로 사라진다. 흉함이 많고 길함은 적으니 어찌 부유해지리오.

남녀궁합(男女宮合) 해설 ③

☆ 남화여목(男火女木) - 새가 변하여 학이 된 격(鳥變成鶴)
화생토는 상생대길하니 부부가 서로 수명이 장수할 것이며 자손도 많이 두고 크게 창성한다. 일가친척이 화목하고 명예와 지위가 향상 발전하니 남들이 무척 다복하다고 크게 부러워 하리라.

☆ 남화여수(男火女水) - 늙은이가 다리를 건너는 격(老脚渡橋)
수극화이니 서로가 만나면 불상사를 일으킨다. 한방안에 함께 살면 화목치 못하고 비록 재물과 곡식을 많이 모았어도 속히 흩어지고 패가하며 재산이 기울어지니 무슨 즐거움이 있으리오.

☆ 남화여화(男火女火) - 용이 물고기로 변한 격(龍變爲魚)
불과 불이 서로 만남은 그리 좋지 못하다. 불길같은 혀끝으로 아침마다 싸우니 재난 또한 많이 닥친다. 창고에 가득차 있는 재물과 보배도 자연히 소멸되니 선부후빈격으로 흩어져 버린다.

☆ 남화여토(男火女土) - 사람이 신선이 된 격(人變成仙)
화생도 상생을 만나니 서로 수명장수할 것이며 금슬이 좋아 자손이 창성하고 집안에 명예와 지위가 높아지며 봉황대 위에 높이 자리한듯 만인이 우러러 보게 되리라.

☆ 남토여금(男土女金) - 새가 변하여 매가 된 격(鳥變成鷹)
토와 금은 상생이라 함께 살면 장수할 것이며 밤낮 기쁘고 즐거우니 만사가 창성하리라. 자손도 부록이 많아 사회적 지위가 오르고 해마다 향상 발전하며 창성하리라.

☆ 남토여목(男土女木) - 고목나무 가을을 만난 격(枯木逢秋)
목극토로서 상극되어, 재난과 화액을 부르며 부부가 서로 불화하고 관재구설 등이 빈번히 이르며 비록 부유하나 안으로 가난할 것이며 백년을 근심으로 지내며 사별이나 생이별 등 고역이 많다.

☆ 남토여수(男土女水) - 술마시며 슬픈 노래부르는 격(飮酒悲歌)
토극수로 상극되니 함께 살면 고생이 많다. 관재와 구설수가 끊이지 않으며 자손도 외롭고 재물도 흩어지며 부모나 친척사이도 화목치 못하리라.

☆ 남토여화(男土女火) - 물고기가 변하여 용이 됨(魚變成龍)
화생토로 상생하니 집안이 번영하며 자손이 잘되어 효도를 바치고 수명도 장수한다. 해마다 경사가 들어 하례를 받으며 부귀와 공명이 곳곳에 영화롭다.

☆ 남토여토(男土女土) - 가지마다 꽃이 만발한 격(開花滿發)
양토가 서로 함께 하면 창고가 가득할 것이며 자손이 창성하여 효도를 잘하며 수명 장수할 것이다. 해마다 길한 경사에 복록이 겹쳐서 오며 부귀와 공명은 만년토록 창성하리라.

갑진년 상합 · 상극(相合 · 相剋) 궁합

21세~40세

남자				여자			
연령	생년	상 합 여자 띠	상 극 여자 띠	연령	생년	상 합 남자 띠	상 극 남자 띠
21	갑신	진사 자	인묘 해	21	갑신	진사 자	인묘 해
22	계미	해묘 오	자축 술	22	계미	해묘 오	자축 술
23	임오	인술 미	자축 묘	23	임오	인술 미	자축 묘
24	신사	신유 축	술해 인	24	신사	신유 축	술해 인
25	경진	신유 자	술해 축	25	경진	신유 자	술해 축
26	기묘	술해 미	자오 신	26	기묘	술해 미	자오 신
27	무인	술해 오	신유 사	27	무인	술해 오	신유 사
28	정축	자사 유	술해 오미	28	정축	자사 유	술해 오미
29	병자	신진 축	오미 유묘	29	병자	신진 축	오미 유묘
30	을해	인묘 미	진사 신	30	을해	인묘 미	진사 신
31	갑술	인묘 오	진사 유	31	갑술	인묘 오	진사 유
32	계유	진사 축	인묘 자술	32	계유	진사 축	인묘 자술
33	임신	진사 자	인묘 해	33	임신	진사 자	인묘 해
34	신미	해묘 오	자축 술	34	신미	해묘 오	자축 술
35	경오	인술 미	자축 묘	35	경오	인술 미	자축 묘
36	기사	신유 축	술해 인	36	기사	신유 축	술해 인
37	무진	신유 자	술해 축	37	무진	신유 자	술해 축
38	정묘	술해 미	자오 신	38	정묘	술해 미	자오 신
39	병인	술해 오	신유 사	39	병인	술해 오	신유 사
40	을축	자사 유	술해 오미	40	을축	자사 유	술해 오미

갑진년 상합·상극(相合·相剋) 궁합

41세~60세

연령	생년	상합 여자 띠		상극 여자 띠		연령	생년	상합 남자 띠		상극 남자 띠	
41	갑자	신진	축	오미	유묘	41	갑자	신진	축	오미	유묘
42	계해	인묘	미	진사	신	42	계해	인묘	미	진사	신
43	임술	인묘	오	진사	유	43	임술	인묘	오	진사	유
44	신유	진사	축	인묘	자술	44	신유	진사	축	인묘	자술
45	경신	진사	자	인묘	해	45	경신	진사	자	인묘	해
46	기미	해묘	오	자축	술	46	기미	해묘	오	자축	술
47	무오	인술	미	자축	묘	47	무오	인술	미	자축	묘
48	정사	신유	축	술해	인	48	정사	신유	축	술해	인
49	병진	신유	자	술해	축	49	병진	신유	자	술해	축
50	을묘	술해	미	자오	신	50	을묘	술해	미	자오	신
51	갑인	술해	오	신유	사	51	갑인	술해	오	신유	사
52	계축	자사	유	술해	오미	52	계축	자사	유	술해	오미
53	임자	신진	축	오미	유묘	53	임자	신진	축	오미	유묘
54	신해	인묘	미	진사	신	54	신해	인묘	미	진사	신
55	경술	인묘	오	진사	유	55	경술	인묘	오	진사	유
56	기유	진사	축	인묘	자술	56	기유	진사	축	인묘	자술
57	무신	진사	자	인묘	해	57	무신	진사	자	인묘	해
58	정미	해묘	오	자축	술	58	정미	해묘	오	자축	술
59	병오	인술	미	자축	묘	59	병오	인술	미	자축	묘
60	을사	신유	축	술해	인	60	을사	신유	축	술해	인

오행상의 주의해야 할 질병

질병은 오행상의 불규칙한 배합이 원인이 된다.

목(木)	간장, 담, 신경계통, 두면, 중풍, 편도선
화(火)	심장, 소장, 눈, 피부
토(土)	위장, 비장, 복부, 피부
금(金)	폐, 대장, 근골, 사지, 기관지
수(水)	신장, 방광, 혈액

예를 들어 목(木)이 많거나 적으면 간장이나 신경계통의 병이 나며 화(火)가 많거나 적으면 심장, 소장, 눈병에 걸리기 쉽다.

어려서 불이나 물에 주의할 사주

1월 2월 3월생	술미일시
4월 5월 6월생	축진일시
10월 11월 12월생	진미일시

관재구설이 많은 사주

자생-묘진일시	축생-진사일시	인생-사오일시	묘생-오미일시
진생-미신일시	사생-신유일시	오생-유술일시	미생-술해일시
신생-해자일시	유생-자축일시	술생-축인일시	해생-인일시

천화일(天禍日)
(화재가 난다고 하여 꺼리는 흉일이다)

1월, 5월, 9월은 자일(子日)	2월, 6월, 10월은 묘일(卯日)
3월, 7월, 11월은 오일(午日)	4월, 8월, 12월은 유일(酉日)

이 날에 상량을 하거나 지붕을 하면 불이 난다고 한다. 또한 이 날 장을 담그면 장맛이 좋지 않고 집안에 좋지 않은 일이 생길 수가 있으니 피하는 것이 좋다. 이 날에 옷을 해 입으면 재수가 없고 가족들에게 구설수가 생겨 싸움이 생기고 손해를 보기 쉽다. 꽃이나 나무를 심거나 농사일도 삼가는 것이 좋다.

죽은 사람을 보지 않아야 하는 띠
(입관 또는 하관할 때 보면 안되는 보면 안 되는 띠)

자(쥐띠)생이 죽은 경우	임진, 무오, 병진년 생은 보면 안 된다.
축(소띠)생이 죽은 경우	양띠, 원숭이띠, 개띠, 돼지띠는 보면 안 된다.
인(범띠)생이 죽은 경우	계묘, 정해, 갑자년 생은 보면 안 된다.
묘(토끼)생이 죽은 경우	을해, 병자, 정축년 생은 보면 안 된다.
진(용띠)생이 죽은 경우	임술, 을사, 갑인년 생은 보면 안 된다.
사(뱀띠)생이 죽은 경우	토끼띠, 닭띠, 소띠는 보면 안 된다.
오(말띠)생이 죽은 경우	계축, 계해, 기해년 생은 보면 안 된다.
미(양띠)생이 죽은 경우	을묘, 임진년 생과 닭띠, 소띠는 보면 안 된다.
신(원숭이띠)생이 죽은 경우	갑오, 갑진년 생과 범띠, 쥐띠는 보면 안 된다.
유(닭띠)생이 죽은 경우	기해년 생은 보면 안 된다.
술(개띠)생이 죽은 경우	경오, 계미년 생과 소띠는 보면 안 된다.
해(돼지)생이 죽은 경우	갑자, 을유년 생과 양띠, 토끼띠는 보면 안 된다.

사람 들일 때 피해야 할 날

인동일 (人動日)	매월 1일 8일 13일 14일 18일 23일 24일
인격일 (人隔日)	1월 유(닭)날, 2월 미(양)날, 3월 사(뱀)날, 4월 묘(토끼)날, 5월 축(소)날, 6월 해(돼지)날, 7월 유(닭)날, 8월 미(양)날, 9월 사(뱀)날, 10월 묘(토끼)날, 11월 축(소)날, 12월 해(돼지)날

사람이 움직이면 동토가 난다고 하는 날이니 사람을 집에 들이거나 방문을 피하고 이사를 하면 안 된다.

상문 푸는 법

죽음으로 생긴 부정한 기운인 상문을 푸는 법은 다음과 같다.

두부 한모, 미나리 한단, 북어 한 마리, 밥 세 공기, 나물 세 접시를 조왕(부엌)에 놓고 조왕경, 상문경을 독송하여 빌고, 그 다음 왼손에 북어와 미나리를 들고 오른손에 두부 한모를 들고 부엌, 방문, 대문을 두드리면서 상문경을 독송하고 밖에 버리면서 두부를 깨지게 던진다.

조왕경	일가지주, 오사지신, 사후설어, 북다지중, 잘선악어, 동주지내, 사복사죄, 이흥화길, 안진음양, 보우가정, 하재불멸, 하복불증, 유구필응, 무감불증, 대비대원, 대원대자, 구천동주, 사명조군, 원황정무, 호택천존
상문경	아이 상문, 어른 상문, 듣던 상문, 보던 상문, 해 묵은 상문, 달 묵은 상문, 날아 든 상문, 묻어 든 상문, 따라 든 상문, 다 젖혀주시고 재수에 탈이 없이 꿈자리 몽사 없이 젖혀 주소서.

통토 푸는 법

조심해야 할 날짜나 방위가 있는데 어기면 탈이 나는 통토(동티)가 나면 다음과 같이 한다.

창호지 한 장에 옥황상제, 일월성신, 북두칠성, 산왕대신, 오방신장, 백마신장, 천지도사, 사해용왕, 사천왕, 호구별상, 천상천하, 착귀대장이라고 쓰고 그 밑에다 동토신 안정 제잡귀 잡신 속거천리 원거만리 신지간섭 운거청전이라 쓴 다음 창호지를 둘둘 말아서 식칼에 매고 정한수 한 그릇 떠가지고 칼을 들고 동토난 곳에 x자로 긋고 물 한 모금 머금고 품으면서 동토경을 독송한다.

동토경	등고산 망원하야 화류일 때 승주하니 두구미 유기 팔족 사귀하여 목식 탈몰하고 조시 각기하야 오식 팔만귀 하니 교작산이 동방동토 청정신 남방동토 적성신 서방동토 백정신 북방동토 흑정신 중앙동토 황정신 태세왕에 부정귀세영 백운이 무정체하니 경신년 경신일 경신시에 강태공 하마처라 움급급 여율령 사바하 7번 독송 한 다음, 칼을 문밖으로 던지고 창호지를 불에 태우며 아궁이에 고추를 태운다.

삼재 푸는 법

삼재 드는 해 입춘일이나 정월 15일 또는 정월달에 좋은 날을 택일하여 백미 한말과 밥 세그릇, 삼재드는 사람 상의 한 벌을 북어에 감아서 놓고 소지종이 10장, 삼재부적 한 장을 상에다 차려놓고 삼재경을 7번 독송한 후 소지종이와 삼재부적을 태우고 북어를 문밖으로 던져서 머리 부분이 밖으로 향할 때까지 던지며 머리부분이 밖으로 나가면 상의를 풀어서 태우고 북어 머리는 잘라서 밖에 던져 버린다.

삼재경	○○가중에 ○○가 ○○년에 드는 삼재 묵는 삼재 나는 삼재 소멸하소서. 나무천관조신 ○○○삼재일시소멸 나무지관조신 ○○○삼재일시소멸 나무수관조신 ○○○삼재일시소멸 나무화관조신 ○○○삼재일시소멸 나무년관조신 ○○○삼재일시소멸 나무월관조신 ○○○삼재일시소멸 나무일관조신 ○○○삼재일시소멸 나무시관조신 ○○○삼재일시소멸 나무천지, 수화, 년월일시 관조신 ○○○(이름) 삼재일시 소멸 옴급급 여율영 사바하
신장축원	천하신장, 지하신장, 천상옥경, 일광신장, 월광신장, 옥황상제, 백마신장, 동서남북, 오방신장, 팔만사천, 제대신장 산신으로 군웅소멸, 사해조정, 용군신장, 악귀 잡귀 검무신장, 말문신장, 전안신장, 유갑육정, 둔갑신장, 군웅신장, 도당신장, 부근신장, 이십팔수, 제후신상 수위에 길위에 삼천병마 길아래 오천병마 거느리고 산천명길 내시어 ○○가 중에 ○○○(이름) 드는 삼재 묵는 삼재 나는 삼재 소멸을 시키시고 재수소망 생기시고 꿈자리 몽사를 거두시고 드는 삼재 묵는 삼재 나는 삼재 소멸을 시키시고 재수소망 생기시고 꿈자리 몽사를 거두시고 드는 삼재 묵는 삼재 나는 삼재 소멸을 시키소서.

자백구성(紫白九星)으로 보는 갑진(甲辰)년 운세

□ … 생년의 본명성(本命星)은 입춘(立春)이 기준이므로 그해 입춘에서 이듬해 입춘 전일까지 탄생한 사람이 그해의 九성으로 본명성을 삼는다. 그러므로 입춘전후에 탄생한 사람은 잘 살펴서 본명성을 찾으시라.

一白水星
연령 8,17,26 35,44,53 62,71,80
沈滯運

□ **미리 대비하면 좋은 기회가 다가온다.**

一白水星人의 당년 운세는 지난해의 쇠운을 겨우 벗어난 시점이라 아직 그 후유증 꼬리가 남아 있다. 평탄하게 작년 해를 넘긴 일도 마음을 방심 말고 매사 신중히 대처해야 된다. 당년은 일상사에서만 아니라 복잡하게 얽힌 잡다한 일에 몰려 순조롭진 못하나 그렇다고 성급히 단번에 타개하려는 방법은 무리이다. 운기의 파도에 잘 적응해 임기응변, 유연하게 행동해 나가는 것이 안정적이고 착실한 운기를 형성하게 한다. 다가올 성운에 미리 대비하여 자기 분수에 맞게 힘써 행할 때 몸과 마음을 함께 단련하는 자세가 가장 현명한 방법이다. 자기의 부족함을 독서라든지 지도자의 충고에 따라 보탤 때, 또 대인관계의 강화를 잊지말 것. 신축, 개점, 개업 등은 보류함이 좋다. 신규사는 소규모에 한할 것. 과로, 소화기 질환 조심.

二黑土星
연령 9,18,27 36,45,54 63,72,81
威勢運

□ **승리하여도 오만치마라.**

二黑土星人의 당년 운세는 늦봄 날씨같은 화창하고 만사 신장 발전하는 성운의 해가 되리라. 오래 끌던 숙원사업도 성취되는 절호의 시기이며 타고난 재간 역량을 마음껏 발휘하여 목표를 향해서 하나의 길로 매진하라. 순조운에 겨워 한눈을 팔거나 외도에 마음이 끌려 정세를 잊고 저돌적으로 맹진함은 좌절과 탈선뿐이다. 또 경솔한 행동으로 공연히 남과 대립, 시비, 배반, 싸움 등을 일으키지 않도록 신중할 것. 벽에 부딪쳐 막혔을 때는 겸허하게 전문가나 지도자의 조언을 바라는 것이 좋다. 독선적이 되어 단독행동을 취함은 불리하며 협조와 조화의 힘을 인식하여 당년의 성운을 잘 활용해서 크고 굳세게 결실을 맺도록 하라. 건강면은 과로, 신경피로, 혈압이상, 소화기, 사고를 조심. 신축, 개업, 개점, 독립사업 시작 등 모두 대길하다.

三碧木星
연령 1,10,19 28,37,46 55,64,73
整備運

□ **승리의 단술도 지나치면 쓴물**

三碧木星人의 당년 운세는 평온한 가운데 순조로운 진전이 기대되는 성운의 해가 되리라. 형식이나 격식에 따르는 것보다 임기응변으로 대처 대응하는 유연한 진행방법이 더 큰 성과를 가져다주리라. 상승세를 타서 맹진하거나 지나치게 무리한 신장 방법은 도리어 좋은 때를 놓치고 좌절을 초래한다. 대인관계를 부드럽게 함은 중요하며 편파됨이 없이 조화와 균형을 잡아서 사귈 것. 그러나 너무 폭을 넓혀서 교제가 복잡화되면 잡된 일까지 산더미로 밀어닥쳐 나중에 큰 부담이 된다. 경제면은 노력에 비례한 수확이 있는 해이다. 새로운 분야에의 진출은 자기역량을 넘치지 않는 한도 내에서 독단전횡하지 말고 단합과 신뢰가 유리한 전개가 된다. 정보망을 넓혀 시대의 흐름에 교묘히 편승하는 재주도 유효한 해. 건강면은 두뇌, 과로, 호흡기, 위장질환 주의. 신축, 개축, 결혼 등에 길하다.

四綠木星
연령 2,11,20 29,38,47 56,65,74
浮沈運

□ **오르막 내리막 화복 쌍곡선**

四綠木星人의 당년운세는 어쩐지 기력면이 충실해서 왕성함을 느끼게 되는 해이나 그리 평탄한 해는 못되리라. 즉 길운과 흉운이 교대로 발생하거나 떴다 가라앉는 부침이 심한 징조가 예상되니 요 경계의 해인 것이다. 그러므로 건실 제일주의로 전진함이 안전하며 성과도 거두게 된다. 성급하게 공을 세우려고 맹진하거나 지나친 확대발전책을 도모함은 뜻밖의 좌절과 실패를 초래한다. 때로는 역량을 기대 받아 책임있는 자리를 물려받게 되기도 하나 자신이 없으면 사절함이 현명하다. 또 옛일이 되살아나는 조짐도 있다. 신중하게 취사선택함이 좋은 대처가 되리라. 대인관계는 확대되며 폐단이 발생하니 너무 개방함은 부담이 커져 전진에 장애가 된다. 충동적인 언행은 삼가고 남보다 앞장서지 않는 게 운기 안정에 도움이 된다. 건강면에서 뇌일혈, 소화기 조심.

五黃土星 연령 3,12,21 30,39,48 57,66,75 ○ 盛大運	□ 성운일수록 과신은 금물 五黃土星人의 당년 운세는 성대한 왕성운의 해이다. 타고난 재주와 슬기, 역량을 마음껏 발휘할 수 있는 해이다. 희망을 드높이 목표의 실현에 두고 자신과 용기로서 적극행동으로 전진하라. 사리사욕을 앞세우고 자기중심적이 된다면 이 좋은 운기를 놓치고 마니 대의와 대도를 공명정대한 자세로서 나감이 중요하다. 대인관계는 자존심이나 외고집을 내세우면 남의 반감으로 반발을 사게 되어 운기의 하락 분해를 초래한다. 무엇보다 협조의 자세를 잊지 말고 겸허하게 대처해감으로서 인맥에의 한 성과가 기대된다. 경제면도 확대 발전한다. 다만 그에 따르는 지출 역시 증대한다. 그러나 당년의현명한 진출은 장래의 커다란 포석이 된다. 건강 면은 머리부위의 장애, 가슴, 심장, 교통사고 조심. 개업, 개점, 신축, 증축, 증설 등 길하다.
六白金星 연령 4,13,22 31,40,49 58,67,76 ○ 喜悅運	□ 즐거운 뒷전에 도사린 손실 六白金星人의 당년운세는 희열운으로서 기쁜 일이 생기는 혜택을 받게 되는 풍요로운 행년이다. 그렇다고 방심할 수 없는 요주의 해 이기도 하다. 대체로 수입, 수확이 많아져서 경제적으로 혜택 받는 해이므로 본업의 취미적인 면에서도 뜻밖의 큰 성과가 있다. 때문에 복병처럼 생각지도 않던 장애물이 불쑥 나타나 애를 먹이는 수도 발생하니 매사 순탄하지만은 않다. 대인관계는 인맥이 넓어져서 겉은 화려하나 교제면에 피해를 입기도 하리라. 은혜가 원수가 되고 성의가 오해받는 경우도 있다. 방심은 금물이다. 당년이야말로 타고난 선견지명과 통찰력을 동원해서 장애를 미연에 방지할 때이다. 경솔한 발언, 무리한 신장책, 허영과 사치, 팔방미인적 자세는 가장 금물이다. 건강면은 구강, 가슴부위, 심장 등을 조심하고 건축, 개업, 개점 등이 흉하다. 특히 불조심.
七赤金星 연령 5,14,23 32,41,50 59,68,77  變革運	□ 망설임을 끊고 앞길을 열어가라 七赤金星人의 당년 운세는 9년에 한번 있는 길모서리로서 쌍갈래길의 분기점이라 할 수 있다. 지금까지 걸어 온 자취에 하나의 전환 조짐이 생기는 중대한 해가 되리라. 그러나 전진 의욕만 앞서고 순탄한 진행이 못 되는 시기이기도 하다. 급한 마음에 서둘러 비약과 진전만 시도한다면 되려 막혀서 정체되기도 하리라. 그러나 미리서부터 충분한 사전계획을 세웠던 것이라면 새로운 경지로 향해서 건전한 첫발을 내디뎌라. 그 때문에 당년은 특히 대인관계를 중시해야 되며 성심과 성의를 잊지 말고 좋은 윗사람과 지도자의 지시와 충고를 받아들이고 활용하는 자세가 무엇보다 중요하다. 건강면에서는 혈압, 소화기 이상, 타박상, 충돌, 낙상 등 부상수가 있으므로 높은 곳, 탈것에 주의. 직업전화, 이사이전, 개축, 수리는 소길. 단 신축은 보류함이 좋다.
八白土星 연령 6,15,24 33,42,51 60,69,78 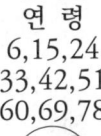 光明運	□ 밝을 때 어두움을 상기하라. 八白土星人의 당년 운세는 혜택 받는 상승세의 해가 되리라. 좋은 윗사람과 상사의 원조와 선도를 받아서 당신의 재간과 슬기의 역량을 마음껏 발휘할 수 있는 기회를 맞게 되거나 노력한 보람이 열매를 맺어 큰 성과를 거두게 된다. 호시절을 맞아서 자신감도 강화되어 광범위하게 발전, 확대책을 취해 과감히 위험에도 도전하고 싶어진다. 신중성을 잊으면 궤도를 벗어나 탈선하며 소망이 공중분해 되어버린다. 한편 자기 체면에 걸리는 언동을 취하다 남고 시비, 구설수에 말려들어 친한 사람과 단절사태를 빚기 쉽다. 당신의 수완 역량이 재평가 받는 반면, 옛일이 들통나는 수도 있다. 매사에 깊이 생각해서 안전주의로 낭비와 사채는 억제할 것. 계약문서건은 조심. 건강면은 눈, 심장, 소화기, 피부병 등 조심. 신규사는 규모 큰 것과 직업전환은 절대 금물.
九紫火星 연령 7,16,25 34,43,52 61,70,79 低迷運	□ 군자는 어두움 밤길을 걷지 않는다. 九紫火星人의 당년 운세는 곤란과 곤궁을 뜻하는 함정에 빠진 쇠액운이니 매사에 조심할 것이다. 매사에 중용을 지켜가야 되며 지나친 언동을 삼가고 분수 밖의 일에 진출하거나 접촉함은 재미가 없다. 설사 손에 익은 일도 지체되고 탈선, 전복 등이 발생한다. 사물을 너무 쉽게 보거나 안이한 판단으로 그르침이 없도록 항시 정확한 선견성 있는 관찰이 중요하다. 좋은 지도자의 조언과 지시를 지켜나가는 자세가 무엇보다 필요하다. 이익과 욕심에 사로잡혀서 남의 감언이설에 속는 등, 도난, 사기, 실직, 배신, 중상모략에 골탕을 먹으니 사람을 조심하라. 다만 정신적 학문적인 면에서 큰 성과가 있다. 종교면도 길하다. 건강면은 심장, 간장, 신경계통 질환 또 물가 근처 비 오는 날은 조심하라. 개업, 직업전환, 건축 등은 불가.

태세 갑진년(2024) 신살상황(神殺狀況)

금년(갑진년) 삼재(三災) 띠
원숭이띠 (9, 21, 33, 45, 57, 69, 81, 93)
쥐띠 (5, 17, 29, 41, 53, 65, 77, 89)
용띠 (13, 25, 37, 49, 61, 73, 85. 97)

명년(을사년) 삼재(三災) 띠
돼지띠 (6, 18, 30, 42, 54, 66, 78, 90)
토끼띠 (2, 14, 26, 38, 50, 62, 74, 86)
양띠 (10, 22, 34, 46, 58, 70, 82. 94)

금년 삼살방(三殺方)
삼살방- 남 (사오미巳午未)방

금년 대장군방(大將軍方)
대장군방- 북 (자子)방

이 삼살방과 대장군방은 집짓고, 집고치고, 우물파고, 담장 쌓고, 문내고, 나무 베는 것 등을 피한다.

금년 상문(喪門) - 남(오午)방   금년 조객(弔客) - 동북(인寅)방

금년 이십사좌(二十四坐)

갑진년	임좌(壬坐)	자좌(子坐)	계좌(癸坐)	축좌(丑坐)	간좌(艮坐)	인좌(寅坐)	갑좌(甲坐)	묘좌(卯坐)	을좌(乙坐)	진좌(辰坐)	손좌(巽坐)	사좌(巳座)	병좌(丙坐)	오좌(午坐)	정좌(丁坐)	미좌(未坐)	곤좌(坤坐)	신좌(申坐)	경좌(庚坐)	유좌(酉坐)	신좌(辛坐)	술좌(戌座)	건좌(乾坐)	해좌(亥坐)
	향살부천	소리	향살	소리	정음	대리	대리	구퇴	대리	대리	정음	삼살	좌살삼살방음	삼살	삼살좌살년극	삼살	대리	지관	대리	년극	방음	세파	년극	천관년극

금년에 이장(移葬)할 수 있는 묘

이장할 예정인 묘가 아래와 같은 경우 무방하다.
  임좌, 자좌, 계좌, 축좌, 병좌, 오좌, 정좌, 미좌 → 대리(大利)
  을좌, 진좌, 손좌, 사좌, 신좌(辛坐), 술좌, 건좌, 해좌 → 소리(小利)

이상의 좌(坐)를 놓은 묘(墓)는 이장뿐 아니라 사초(莎草)·입비석(立碑石) 등 기타의 작업을 할 수 있으나 아래의 좌(坐)는 절대 건드리지 못한다.

  간좌, 인좌, 갑좌, 묘좌, 곤좌, 신좌(申坐), 경좌, 유좌 → 중상(重喪)

대리(大利)와 소리운(小利運)은 이장(移葬) 수묘(修墓) 등에 길하다. 중상운(重喪運)은 대흉하니, 다음 해를 기다리라.

초상(初喪)이 나면 장사날(葬日)을 잡는법

대개 형편에 따라 하되 오로지 다음과 같은 날만 피하면 된다.

중상일(重喪日) 중일(重日) 복일(復日)

월별(月別)	정(寅)	2(卯)	3(辰)	4(巳)	5(午)	6(未)	7(申)	8(酉)	9(戌)	10(亥)	11(子)	12(丑)
중상일(重喪日)	갑(甲)	을(乙)	기(己)	병(丙)	정(丁)	기(己)	경(庚)	신(辛)	기(己)	임(壬)	계(癸)	기(己)
중일(重日)	사해(巳亥)	사해(巳亥)	사해(巳亥)	사해(巳亥)	사해(巳亥)	사해(巳亥)	사해(巳亥)	사해(巳亥)	사해(巳亥)	사해(巳亥)	사해(巳亥)	사해(巳亥)
복일(復日)	경(庚)	신(辛)	무(戊)	임(壬)	계(癸)	무(戊)	갑(甲)	을(乙)	무(戊)	병(丙)	정(丁)	무(戊)

숫자는 나이		갑진년 육십갑자 납음해설			표 나이는 삼재	
1, 61	갑진(용)	복등화	21, 81 갑신(원숭이)	천중수	41 갑자(쥐)	해중금
2, 62	계묘(토끼)	금박의 금	22, 82 계미(양)	버드나무	42 계해(돼지)	큰바다 물
3, 63	임인(범)	금박금	23, 83 임오(말)	양류목	43 임술(개)	대해수
4, 64	신축(소)	벽위흙	24, 84 신사(뱀)	흰납금	44 신유(닭)	석류나무
5, 65	경자(쥐)	벽상토	25, 85 경진(용)	백랍금	45 경신(원숭이)	석류목
6, 66	기해(돼지)	평지나무	26, 86 기묘(토끼)	성머리 흙	46 기미(양)	하늘위 불
7, 67	무술(개)	평지목	27, 87 무인(범)	성두토	47 무오(말)	천상화
8, 68	정유(닭)	산밑 불	28, 88 정축(소)	추녀밑 물	48 정사(뱀)	모래속 흙
9, 69	병신(원숭이)	산하화	29, 89 병자(쥐)	간하수	49 병진(용)	사중토
10, 70	을미(양)	모래속 금	30, 90 을해(돼지)	산머리 불	50 을묘(토끼)	큰 시냇물
11, 71	갑오(말)	사중금	31, 91 갑술(개)	산두화	51 갑인(범)	대계수
12, 72	계사(뱀)	긴 강물	32, 92 계유(닭)	창 끝에 금	52 계축(소)	뽕나무
13, 73	임진(용)	장류수	33, 93 임신(원숭이)	검봉금	53 임자(쥐)	상자목
14, 74	신묘(토끼)	잣나무	34, 94 신미(양)	길가에 흙	54 신해(돼지)	비녀금
15, 75	경인(범)	송백목	35, 95 경오(말)	노방토	55 경술(개)	차천금
16, 76	기축(소)	벼락 불	36, 96 기사(뱀)	큰숲나무	56 기유(닭)	다져진 흙
17, 77	무자(쥐)	벽력화	37, 97 무진(용)	대림목	57 무신(원숭이)	대역토
18, 78	정해(돼지)	지붕위흙	38, 98 정묘(토끼)	화로속 불	58 정미(양)	하늘밑 물
19, 79	병술(개)	옥상토	39, 99 병인(범)	노중화	59 병오(말)	천하수
20, 80	을유(닭)	샘속 물	40,100 을축(소)	바다속 금	60 을사(뱀)	엎어진 불

서기 2024년 연령대조표

서기	단기	불기	한국	약사	간지	연령	서기	단기	불기	한국	약사	간지	연령
1935년	4268년	2479년	17년		을해	90세	1980년	4313년	2524년	62년		경신	45세
1936년	4269년	2480년	18년		병자	89세	1981년	4314년	2525년	63년		신유	44세
1937년	4270년	2481년	19년		정축	88세	1982년	4315년	2526년	64년		임술	43세
1938년	4271년	2482년	20년		무인	87세	1983년	4316년	2527년	65년		계해	42세
1939년	4272년	2483년	21년		기묘	86세	1984년	4317년	2528년	66년		갑자	41세
1940년	4273년	2484년	22년		경진	85세	1985년	4318년	2529년	67년		을축	40세
1941년	4274년	2485년	23년		신사	84세	1986년	4319년	2530년	68년		병인	39세
1942년	4275년	2486년	24년		임오	83세	1987년	4320년	2531년	69년		정묘	38세
1943년	4276년	2487년	25년	카이로선언	계미	82세	1988년	4321년	2532년	70년	서울올림픽	무진	37세
1944년	4277년	2488년	26년		갑신	81세	1989년	4322년	2533년	71년		기사	36세
1945년	4278년	2489년	27년	8. 15	을유	80세	1990년	4323년	2534년	72년		경오	35세
1946년	4279년	2490년	28년		병술	79세	1991년	4324년	2535년	73년		신미	34세
1947년	4280년	2491년	29년		정해	78세	1992년	4325년	2536년	74년		임신	33세
1948년	4281년	2492년	30년	헌법공포	무자	77세	1993년	4326년	2537년	75년		계유	32세
1949년	4282년	2493년	31년		기축	76세	1994년	4327년	2538년	76년		갑술	31세
1950년	4283년	2494년	32년	6. 25	경인	75세	1995년	4328년	2539년	77년		을해	30세
1951년	4284년	2495년	33년		신묘	74세	1996년	4329년	2540년	78년		병자	29세
1952년	4285년	2496년	34년		임진	73세	1997년	4330년	2541년	79년		정축	28세
1953년	4286년	2497년	35년	7. 25	계사	72세	1998년	4331년	2542년	80년		무인	27세
1954년	4287년	2498년	36년		갑오	71세	1999년	4332년	2543년	81년		기묘	26세
1955년	4288년	2499년	37년		을미	70세	2000년	4333년	2544년	82년	6. 15	경진	25세
1956년	4289년	2500년	38년		병신	69세	2001년	4334년	2545년	83년		신사	24세
1957년	4290년	2501년	39년		정유	68세	2002년	4335년	2546년	84년	한일월드컵	임오	23세
1958년	4291년	2502년	40년		무술	67세	2003년	4336년	2547년	85년		계미	22세
1959년	4292년	2503년	41년		기해	66세	2004년	4337년	2548년	86년		갑신	21세
1960년	4293년	2504년	42년	4. 19	경자	65세	2005년	4338년	2549년	87년		을유	20세
1961년	4294년	2505년	43년	5. 16	신축	64세	2006년	4339년	2550년	88년		병술	19세
1962년	4295년	2506년	44년		임인	63세	2007년	4340년	2551년	89년		정해	18세
1963년	4296년	2507년	45년		계묘	62세	2008년	4341년	2552년	90년		무자	17세
1964년	4297년	2508년	46년		갑진	61세	2009년	4342년	2553년	91년		기축	16세
1965년	4298년	2509년	47년		을사	60세	2010년	4343년	2554년	92년		경인	15세
1966년	4299년	2510년	48년		병오	59세	2011년	4344년	2555년	93년		신묘	14세
1967년	4300년	2511년	49년		정미	58세	2012년	4345년	2556년	94년		임진	13세
1968년	4301년	2512년	50년		무신	57세	2013년	4346년	2557년	95년		계사	12세
1969년	4302년	2513년	51년		기유	56세	2014년	4347년	2558년	96년		갑오	11세
1970년	4303년	2514년	52년		경술	55세	2015년	4348년	2559년	97년		을미	10세
1971년	4304년	2515년	53년		신해	54세	2016년	4349년	2560년	98년		병신	9세
1972년	4305년	2516년	54년		임자	53세	2017년	4350년	2561년	99년		정유	8세
1973년	4306년	2517년	55년		계축	52세	2018년	4351년	2562년	100년		무술	7세
1974년	4307년	2518년	56년		갑인	51세	2019년	4352년	2563년	101년		기해	6세
1975년	4308년	2519년	57년		을묘	50세	2020년	4353년	2564년	102년		경자	5세
1976년	4309년	2520년	58년		병진	49세	2021년	4354년	2565년	103년		신축	4세
1977년	4310년	2521년	59년		정사	48세	2022년	4355년	2566년	104년		임인	3세
1978년	4311년	2522년	60년		무오	47세	2023년	4356년	2567년	105년		계묘	2세
1979년	4312년	2523년	61년	12. 26	기미	46세	2024년	4357년	2568년	106년		갑진	1세

태세 갑진년 진본토정비결 조견표

상 괘(태세)

연령	상괘	연령	상괘	연령	상괘	연령	상괘	연령	상괘
갑진 1세	7	갑신 21세	3	갑자 41세	7	갑진 61세	3	갑신 81세	7
계묘 2세	8	계미 22세	4	계해 42세	8	계묘 62세	4	계미 82세	8
임인 3세	1	임오 23세	5	임술 43세	1	임인 63세	5	임오 83세	1
신축 4세	2	신사 24세	6	신유 44세	2	신축 64세	6	신사 84세	2
경자 5세	3	경진 25세	7	경신 45세	3	경자 65세	7	경진 85세	3
기해 6세	4	기묘 26세	8	기미 46년	4	기해 66세	8	기묘 86세	4
무술 7세	5	무인 27세	1	무오 47세	5	무술 67세	1	무인 87세	5
정유 8세	6	정축 28세	2	정사 48세	6	정유 68세	2	정축 88세	6
병신 9세	7	병자 29세	3	병진 49세	7	병신 69세	3	병자 89세	7
을미 10세	8	을해 30세	4	을묘 50세	8	을미 70세	4	을해 90세	8
갑오 11세	1	갑술 31세	5	갑인 51세	1	갑오 71세	5	갑술 91세	1
계사 12세	2	계유 32세	6	계축 52세	2	계사 72세	6	계유 92세	2
임진 13세	3	임신 33세	7	임자 53세	3	임진 73세	7	임신 93세	3
신묘 14세	4	신미 34세	8	신해 54세	4	신묘 74세	8	신미 94세	4
경인 15세	5	경오 35세	1	경술 55세	5	경인 75세	1	경오 95세	5
기축 16세	6	기사 36세	2	기유 56세	6	기축 76세	2	기사 96세	6
무자 17세	7	무진 37세	3	무신 57세	7	무자 77세	3	무진 97세	7
정해 18세	8	정묘 38세	4	정미 58세	8	정해 78세	4	정묘 98세	8
병술 19세	1	병인 39세	5	병오 59세	1	병술 79세	5	병인 99세	1
을유 20세	2	을축 40세	6	을사 60세	2	을유 80세	6	을축 100세	2

중괘(월건)

월별	중괘
정월건병소인	1
2월건정대묘	6
3월건무소진	3
4월건기소사	6
5월건경대오	5
6월건신소미	2
7월건임대신	1
8월건계대유	5
9월건갑소술	1
10월건을대해	6
11월건병대자	4
12월건정소축	1

하 괘(일진)

월별\일별	정월 병인	2월 정묘	3월 무진	4월 기사	5월 경오	6월 신미	7월 임신	8월 계유	9월 갑술	10월 을해	11월 병자	12월 정축
1일	3	1	2	2	1	1	3	1	3	2	1	2
2일	2	1	1	2	1	3	2	2	2	2	1	2
3일	2	2	3	2	1	3	2	1	2	3	3	3
4일	3	2	3	3	3	3	2	1	2	2	3	2
5일	2	1	1	3	2	1	1	1	3	3	3	2
6일	1	1	3	2	2	1	3	2	2	3	3	1
7일	2	3	2	3	3	2	3	2	3	3	1	3
8일	3	3	3	1	2	3	1	1	1	3	1	3
9일	3	2	1	1	1	2	3	1	3	2	2	2
10일	2	2	1	3	2	2	2	3	2	2	1	2
11일	2	1	3	1	2	1	1	1	3	3	3	1
12일	1	1	2	1	3	1	2	1	2	1	1	1
13일	1	1	2	2	2	2	1	2	1	3	2	3
14일	3	2	2	2	1	3	3	3	3	3	2	3
15일	3	3	1	3	1	3	2	1	2	1	1	1
16일	3	3	1	3	1	1	3	2	1	3	1	3
17일	2	1	1	3	2	2	2	2	2	3	3	2
18일	3	1	3	2	1	3	2	1	1	3	3	3
19일	3	1	2	3	3	1	3	1	3	2	1	3
20일	1	1	1	2	2	3	1	1	1	2	1	1
21일	3	3	1	2	3	3	2	3	3	2	2	2
22일	2	2	1	1	3	3	2	3	2	1	1	2
23일	2	3	3	3	2	3	3	2	1	1	1	2
24일	2	2	3	1	2	3	1	2	2	2	2	1
25일	2	2	2	3	2	1	2	1	1	3	3	1
26일	3	3	3	3	3	2	3	3	3	3	2	3
27일	3	3	1	2	1	3	2	3	3	1	1	1
28일	1	3	1	1	2	1	2	2	3	3	1	3
29일	3	2	2	1	3	1	3	3	3	3	1	3
30일		2		3		1	3		1	1		

도서출판 동양서적 발행　　**진본토정비결**　　값 6,000원

알기쉬운 한글판·불교(佛敎)·역학(易學)·교양(敎養)서적

도서명	저자	정가	도서명	저자	정가
대운만세력(大運萬歲曆)(대)	홍몽선	17,000원	갑진년생활민력	한국역학연구원	9,000원
대운만세력(大運萬歲曆)(중)	홍몽선	13,000원	불교생활용어사전	한미교육연구원	17,000원
알기쉬운실증철학 (상)	단원이병렬	28,000원	생활만세력 (특) (대) (중)	홍몽선	(대)15,000원
알기쉬운실증철학 (중)	단원이병렬	28,000원	나도 역술가가 될 수 있다	김민정	9,000원
알기쉬운실증철학 (하)	단원이병렬	20,000원	이름짓는법	백운학	10,000원
가정생활보감(家庭生活寶鑑)	홍몽선	17,000원	관상보는법	백운학	10,000원
관혼상제전서(冠婚喪祭全書)	최윤석	13,000원	사주보는법	최윤석	15,000원
석가모니의 일생	서경보	6,000원	신수보는법	권세준	15,000원
천수반야고왕경	홍몽선	3,000원	점괘보는법	홍몽선	15,000원
금강반야바라밀경	홍몽선	3,000원	해몽하는법	백운당	15,000원
천지팔양신주경	박일현	3,000원	명당잡는법	엄윤문	15,000원
경문보감	석 천	15,000원	택일하는법	김동석	15,000원
불설지장경	박일현·주경섭	17,000원	영부비전서(靈符祕全書)	김현석	20,000원
무복경전서	송 파	10,000원	대영부비전(大靈符祕典)	엄윤문	25,000원
옥추보경(玉樞寶經)	조성우	10,000원	역술총서	최윤석	23,000원
월영도(月影圖)	강태호	10,000원	육갑전서	박일현	17,000원
운수대감	김희선	17,000원	육임단시	박일현	7,500원
불설전생록	김동석	15,000원	주역사주	엄윤문	8,000원
당사주보는법	김진천	30,000원	평생사주	엄윤문	5,000원
당화사주(唐畵四柱)	백운당	20,000원	진본토정비결	홍몽선	6,000원
성명학전서(姓名學全書)	권세준	15,000원	이것이 주역(周易)이다	엄윤문	12,000원
관상학전서(觀相學全書)	신 일	15,000원	생활역점(生活易占)	홍몽선	10,000원
육효학전서(六爻學全書)	백운비	15,000원	역점실화(易占實話) (상)·(하)	홍몽선	각15,000원
지리학전서(地理學全書)	동 곡	15,000원	역(易)의 모든 것(學·經·占)	홍몽선	30,000원
신살학전서(神殺學全書)	민지회	15,000원	사주(通變話術)총설첩경 (전)·(후)	이은주	각 30,000원
택일학전서(擇日學全書)	김동석	15,000원	추명가전집(推命歌全集)	이석영외	10,000원
궁합론전서(宮合論全書)	강태호	10,000원	추명가해설집(推命歌解說集) 上	성공도	25,000원
격국용신론전서(格局用神論全書)上·中·下	엄윤문	각25,000원	추명가해설집(推命歌解說集) 中·下	성공도	각22,000원
격국용신 신수대전(身數大典)	이영례	30,000원	표준역학시험문제집(標準易學試驗問題集)	홍몽선외	27,000원
이것이 역학통변술(易學通變術)이다	이영례	28,000원	현대인물의 생애와 운명	엄윤문	20,000원
명심보감정설(明心寶鑑精說)	이영례	15,000원	오행한자전(五行漢字典)	권세준	30,000원
사자소학정설(四字小學精說)	이영례	15,000원	한자학습사전 초급편, 중급편	이영례	각5,000원
채근담정설(菜根譚精說)	이영례	15,000원	漢字學習辭典 고급편, 1급편	이영례	각7,000원
목민심서정설(牧民心書精說)	이영례	15,000원	한문학습교본(漢文學習敎本)	이은실	15,000원

책 주문은 아래 계좌에 입금하고 본사 전화로 연락하시면 책을 발송합니다.
농협 351-5899-1521-73 안장훈 ※ 본사 영업부 010-8944-4799

갑진년 대공망일(大空亡日) 및 피하는 날(避擇日)

음월(陰月)	대공망일(大空亡日)	월기일(月忌日)	복단일(伏斷日)	제사불의일(諸事不宜日)	양공기일(楊公忌日)
갑진 정월	5, 9, 22	5, 14, 23	2, 9, 11, 18, 27	10, 17, 18, 22	13
2월	1, 2, 11, 12, 13, 20, 21, 22, 30	5, 14, 23	5, 7, 14, 23	1, 4, 7, 13, 16, 25, 28	11
3월	1, 6, 10, 23	5, 14, 23	2, 9, 18, 27	2, 17, 26, 29	9
4월	3, 4, 12, 13, 14, 21, 22, 23	5, 14, 23	5, 7, 14, 23	21	7
5월	2, 3, 8, 12, 25	5, 14, 23	1, 3, 10, 19, 28	6, 12, 18, 24, 30	5
6월	4, 5, 13, 14, 15, 22, 23, 24	5, 14, 23	5, 14, 23	7, 28	3
7월	3, 4, 9, 13, 26	5, 14, 23	1, 3, 10, 19, 26, 28	15, 16, 20, 27	1, 29
8월	5, 6, 14, 15, 16, 23, 24, 25	5, 14, 23	5, 14, 23, 30	10, 22	27
9월	3, 4, 9, 13, 26	5, 14, 23	9, 18, 25, 27	3, 14, 15, 26, 27	25
10월	6, 7, 15, 16, 17, 24, 25, 26	5, 14, 23	5, 14, 21, 23, 30	18, 30	23
11월	4, 5, 10, 14, 27	5, 14, 23	9, 18, 25	2, 5, 8, 14, 17, 20	21
12월	6, 7, 15, 16, 17, 24, 25, 26	5, 14, 23	4, 13, 20, 22, 29	9, 24	19

주당일람

혼인주당		신행주당						이사주당		안장주당		
대월	소월	백호 대월	백호 소월					대월	소월	대월		소월
▲신랑夫	▲신부婦	◎조왕竈	◎부엌廚	1	9	17	25	◎편안安	◎하늘天	망무인방해길당함	아비父	어미母
△시어머니姑	◎조왕竈	◎방안堂	▲길가路	2	10	18	26	◎이득利	◎이득利		아들男	딸女
◎방안堂	◎집안庭	▲자리床	▲문간門	3	11	19	27	◎하늘天	◎편안安		손자孫	사자死
△시아버지翁	△시아버지翁	◎죽음死	◎잠듬睡	4	12	20	28	▲해살害	▲재앙災	외출사람도는장시피함당이시그사람은좋음	사자死	손자孫
◎집안庭	◎방안堂	◎잠듬睡	◎죽음死	5	13	21	29	▲살기殺	◎스승師		딸女	아들男
◎조왕竈	△시어머니姑	▲문간門	▲자리床	6	14	22	30	◎부자富	◎부자富		어미母	아비父
▲신부婦	▲신랑夫	▲길가路	◎방안堂	7	15	23		◎스승師	▲살기殺		자부婦	손님客
◎부엌廚	◎부엌廚	◎부엌廚	◎조왕竈	8	16	24		▲재앙災	▲해살害		손님客	자부婦

서기2024년 갑진년생활민력

서기 2023년 8월 20일 인쇄
서기 2023년 8월 28일 발행

발 행 처 도서출판 동양서적
등 록 일 2013년 3월 18일
등록번호 110-98-97906
발 행 인 안 장 훈

편 제 **한국역학연구원**

경기도 파주시 혜음로454번길 18-52

영업부 010-8944-4799
FAX (0504) 292-4799

값 9,000 원

ISBN 979-11-88520-25-1 13180

본 생활민력의 독창적인 편집 및 내용에 대하여 전재 기타 모방을 엄금함(동양서적)

갑진(2024)년 음력의 대·소와 일진, 월건 및 합삭시간

양력		음력의 월일		일진	대·소	월건	합삭(合朔) 시간
월	일	월	일		30일·29일		시 분
2	10	1	1	갑 진	소	병 인	07시 59분
3	10	2	1	계 유	대	정 묘	18시 00분
4	9	3	1	계 묘	소	무 진	03시 21분
5	8	4	1	임 신	소	기 사	12시 22분
6	6	5	1	신 축	대	경 오	21시 38분
7	6	6	1	신 미	소	신 미	07시 57분
8	4	7	1	경 자	대	임 신	20시 13분
9	3	8	1	경 오	대	계 유	10시 56분
10	3	9	1	경 자	소	갑 술	03시 49분
11	1	10	1	기 사	대	을 해	21시 47분
12	1	11	1	기 해	대	병 자	15시 21분
12	31	12	1	기 사	소	정 축	07시 27분